JN301042

アジアのメディア文化と社会変容

斉藤日出治・高増明 編
SAITO Hideharu, TAKAMASU Akira

ナカニシヤ出版

はじめに

　アジア諸国は世界経済を牽引するダイナミックな成長を遂げることによって，たがいの経済的な相互依存関係を深めつつある。そのために，各国の異質で多様な伝統的文化の枠組みが揺り動かされ，アジアの社会と文化に巨大な変容が生じている。

　アジアにおける市場取引のトランスナショナルな進展は，財・サービス・資本・労働力の国際移動だけでなく，映像・情報・記号の国際移動をも推進した。この後者の国際移動を仲介するのが，インターネット，映画，DVD，音楽などのメディア文化産業である。アジアにおけるメディア文化産業の発展は，メディアが仲介する独自の文化を育む。インターネットは若者のチャットによるコミュニケーション文化を生み出し，音楽や映画は，貧困・犯罪・道徳的退廃などの社会の矛盾を表現し，歴史，ナショナリズム，ジェンダーを表現する独自のポピュラー・カルチャーを生み出す。

　インターネット利用人口は，2005年時点で日本が8500万人，韓国は3300万人，中国が1億6000万人で，日本と韓国ではすでに国民の70％がインターネットを利用している。アジア全域で見ると，2003年以降北米，ヨーロッパの利用人口を上回る勢いで急増している。そのために，インターネットをはじめとするメディア文化産業は，アジア社会におけるひとびとのコミュニケーションや意識や欲望に介入し，社会諸関係を組織する独自な磁場を形成するようになった。

　これらのメディア文化は，伝統的な社会諸関係を揺り動かし，国境を越えた開放的で均質な消費文化を構築する。だが他方で，伝統的な社会諸関係の解体に伴なう諸個人の分断化と孤立化は，社会の成員の不安感や危機意識を醸成し，閉塞的で排外主義的な原理主義やナショナリズムを増幅する。つまり，メディア・テクノロジーによって仲介される文化の領域は，社会諸関係を組織する固有の位相として立ち現われ，その組織の方向性をめぐって社会

諸集団や諸個人がヘゲモニー闘争を繰り広げるアリーナとなる。

本書の各論文は，日本，韓国，中国を中心に，アジア諸国におけるインターネット，映画，音楽などのメディア文化の発展が，いかなるかたちでアジア社会における社会諸関係の組織化の仲介となっているのかについて論じている。

各論文の要旨は以下のとおりである。

第Ⅰ部では，テレビ・映画のメディアが仲介するナショナリズムやジェンダーの政治学が論じられると同時に，ポスト・ナショナル時代のメディア文化が国家を越える歴史認識を生みだす可能性についての提起がなされる。

斉藤日出治「ナショナル・メディアを超えて」は，映画やテレビなどの近代的メディアが映像や表象の組織化によってひとびとの消費欲望を誘導する媒体として機能すると同時に，この映像や表象を国民という集団的なアイデンティティ形成に向けて回路づける機能をも果たした経緯をふりかえる。20世紀初頭の米国のナショナリズムは，「米国型生活様式」の確立によってヨーロッパ各地からの移民が消費文化の洗礼を受け，米国国民として組織されることによってうちたてられた。戦後の日本でも，高度成長期の大衆消費社会の成熟を通して，テレビの映像メディアが家庭の中に天皇制を導きいれる回路として機能することによって，ナショナリズムが構築された。

しかし20世紀末以降のグローバリゼーションの進展は，国民国家の安定した枠組みを突き崩し，国民という集団的なアイデンティティを揺り動かして，ひとびとの不安感をかきたてる。この不安の意識を土壌にして，他国に対する攻撃的で排外主義的な新手のナショナリズムが台頭する。だが他方で，映像メディアは閉塞的なナショナリズムを打ち破り，トランスナショナルな歴史意識の構築を仲介する回路としても活用されるようになる。斉藤は中国の海南島における日本軍の戦争犯罪の実態を究明する市民団体が映像メディアを駆使して隠蔽された歴史を掘り起こす運動のなかに，越境するメディアの新しい歴史認識の出現を読み取る。

田間泰子「『こんにちは赤ちゃん』の政治学」は，高度成長期のヒットソング「こんにちは赤ちゃん」とテレビアニメ「ドラえもん」を素材にして，そこに表現されるジェンダーの政治を究明している。このヒットソングとテ

レビアニメには，夫婦あるいは男女のロマンチック・ラブ・イデオロギーの背後に，専業主婦とサラリーマン男性という男女の性別役割分業を前提とし，男女の性的関係や性的欲望を合法的な結婚へと封じ込めていく近代的な家族モデルをパラダイムとする特異なジェンダー性が表現されている。これらの作品は，夫婦間分業，生殖，家族についての規範的な表象を構築することによって戦後日本のドメスティックな空間をかたちづくる権力作用をともなった。そしてこの高度成長期のヒットソングとの対比で，今日厚生労働省が推進している同名の「こんにちは赤ちゃん」事業が，出産抑制とは反対の少子化対策を課題に掲げて家庭に介入する時代の変容を読み解こうとする。

　平田由紀江「映画『青燕』をめぐるポストコロニアル状況」は，映画で語りだされる歴史認識をめぐってインターネットで繰り広げられる論争をテーマにしている。日帝時代に単独で日本にわたり二等飛行士となった朝鮮人女性朴敬元(パク・キョンウォン)の生涯を映画化した『青燕』をめぐって，この映画は朴敬元の親日協力という歴史的な重大責任を恋愛や友情の要素によって希薄化しエンターテインメント化したものだという批判派（「帝国主義のチアガール」）と，映画を映画として独自に評価すべきであるという支持派とのあいだのインターネットにおける論争が紹介される。

　平田によれば，このインターネットをめぐる親日論争は韓国のひとびとの集団的記憶を商品化し，歴史認識を管理していく新しい回路の形成を意味する。だがこの回路はまた，メディアの受け手が映像や表象を再構築する契機ともなる。その意味で，映像メディアの生産者と受け手とが作品をめぐって継続的なヘゲモニー闘争をくりひろげる過程が進行する。平田は，この論争に，「親日かどうか」という単一の基準だけでなく，男性中心的な記憶表象に基づく歴史の再構築という批判がメディアの受け手の側から提起されていることに注目する。

　第II部は，インターネットが創出する独自な政治的公共空間の動向について論じられる。

　高増明「日本のインターネット文化と閉塞社会」は，インターネットの掲示板ウェブサイトの「2ちゃんねる」への書き込みを小説や映画に仕立てた『電車男』を素材にして，この爆発的なヒットのうちに日本の閉塞社会状況

の縮図を見る。

　高増は，1980年代のバブル経済以降，雇用の不安定化が進行し経済格差と貧困化が深刻化する中で，地域・家族・社会の伝統的な諸関係が崩壊し，孤立化し分断化される若者がインターネットの幻想的な共同体にすがろうとする退行的な動きをそこに読み取る。この閉鎖的なヴァーチャル空間におけるアイデンティティの承認願望は，他者を排除する排外主義的なプチ・ナショナリズムの意識を醸成する。高増は中国や韓国で，インターネットが新しい社会運動や政治的意識形成を仲介する政治的な機能を果たしているのと対比しつつ，この擬制的な共同体へと逃避する日本の若者の意識状況のうちに，日本社会の閉塞化を見る。

　崔 鐘 仁（チェ・ジョンイン）「韓国のデジタル権力」は，韓国でインターネットの利用が急増することによって，インターネットを介した情報交換や世論形成が活発となり，そこにデジタル権力とも呼ぶべき新しい権力形態が出現する事態を分析する。韓国の大統領選挙や国会議員選挙では，紙媒体の商業新聞に代わって『オーマイニュース』のようなインターネット新聞がサイバー空間を公共化して世論形成に大きく寄与した。

　韓国では教育行政システムをはじめとして社会のあらゆる領域に情報技術が介入している。このような社会のサイバー・ワールド化は，一方でひとびとの日常生活の総体を監視し管理する「情報パノプティコン」の構築をもたらすと同時に，他方で既存の権力に対抗するヘゲモニー闘争の新たな基盤を提供することになる。その意味で，インターネット・メディアは，今日の韓国社会において，権力諸関係を組織し，社会形成の方向を決するヘゲモニー闘争の主要なアリーナとなりつつある。さらに，サイバー・ワールドから排除されるひとびととの断絶を克服し，デジタル権力を民主化する方向の追求が課題として提起される。

　徐 怡 秋（ジョ・イシュウ）「中国におけるネット用語とネットゲーム」は，中国におけるインターネットの利用人口の急増によるネティズンの大量出現が，独自のネットカフェ文化や遊びを生み出すことに焦点を当てている。コンピュータに媒介された日常のコミュニケーションは，パソコンで知り合った仲間のおしゃべりを増幅し，チャットで用いられる特有な表現様式（漢語の略語，英語の略

語，ピンインの略語，語呂合わせ，新語）を生み出す。そしてインターネットの利用と共に出現した新しい言語現象が，小説や文学に影響を及ぼし，若者の日常生活に浸透し定着しつつある。それは言語と社会，言語と文化に関する新しい課題を呼び起こしつつある。

またインターネットを利用したオンラインゲームの利用人口が急増し，その市場規模が拡大している。ゲームの種類が多様化し，ゲームにのめりこむ若者のなかに，ゲーム中毒や依存症が増えていることが指摘される。

第Ⅲ部は，中国のポスト社会主義的状況の進展とともに出現するポピュラー・カルチャーが論じられる。

胡 备（フー・ベイ）「王小帥の映画と中国の社会変容」は，開放経済体制が進展する中で，政府からの資金に頼らず独立して映画を制作する世代の映画監督として王小帥をとりあげている。

王は開放経済体制下の中国で，とりわけ農村から都市に大量流出するひとびとが市場経済や消費社会の洗礼をいかに受けるのかを描こうとする。王は都会の不安定な荒波にもまれて翻弄される若者の漂流感覚を映画のテーマに設定する。毛沢東の下放政策で都市部から内陸の農村部へと移動を余儀なくさせられたひとびとが，開放経済によって今度は都市にたちもどる。このような政策に振り回され，そこからさまざまな悲劇が生まれる。この悲劇を生きるひとびとの苦悩が描かれる。

また経済成長の下で拡大する貧富の格差が，都市の下層労働者や農村出身の出稼ぎにもたらす宿命や境遇，そしてそこに生ずるひとびとの葛藤，これらが映画のテーマとして設定される。中国映画が政府のプロパガンダでも，単なる政府批判の政治的メッセージでもなく，中国社会のダイナミックな変容が生み出す社会的な諸矛盾のなかで生きるひとびとの意識を表現するメディアとして立ち現われることが浮き彫りにされる。

ファンキー末吉「中国ロックと中国社会」は，開放経済体制下で欧米から導入されたロックが普及し，ロックバンドの結成やロック・コンサートが開催された後，天安門事件ではロック音楽が政治的なメッセージを帯びたために，政府によって弾圧の対象となる経緯をたどる。

だがロックが音楽産業として商品化されるにつれて，音楽はもはや政治の

単なる手段ではなく，音楽のほうが政治を取り込み，独自のメッセージを発信するメディアとして成長していく。それゆえファンキー末吉はロックをアプリオリに反体制的なものとみなしたり，共産党政権と対決する音楽として一元的にとらえるのではなく，商業化されたロックがもつ音楽メディアとしての独自の位相を摘出しようとする。

毛沢東の長征をテーマにしたロックは文化大革命を支持するメッセージであったり，共産党の現政権を批判するメッセージであったりするのではなく，中国の解放のメッセージとして独自な意味を持ってロックに取り入れられている。こうしてファンキー末吉は政治との一義的な関係ではなく，時代を映し出す鏡として独自の位相を持った中国ロックの社会的意味を問おうとする。

第IV部は，グローバル文化産業が産業全体のモデルになりつつあるポスト・フォーディズムの時代のなかで，アジアのメディア文化の将来動向を占う。

水嶋一憲「〈魂の工場〉のゆくえ」は，文化産業を軸にしたひとびとの社会生活の組織化が社会闘争の主要な磁場になることを論ずる。かつてのフォーディズム時代における規格品の大量生産体制において，文化産業はコミュニケーションや感情や知識を工業化し商品化する産業であった。しかし規格化されない不定形なもの，予測不可能なもの，プログラム化されないものを臨機応変にとりこみ，創造性や自発性を触発した生産を必要とするポスト・フォーディズムの今日において，文化産業は産業の主役の地位に躍り出る。

文化産業は労働者の自律性，創造性をひきだし，ひとびとの共同的な関係を組織しながら，その成果を資本の価値増殖へと誘導するモデル産業となる。インターネット，映画，音楽などのメディア文化産業あるいは情報産業は，その意味で知識やデザインやライフスタイルを生産し，社会生活を組織する主要な舞台となる。

ひとびとの情動的関係のネットワークがこれらの産業において組織され，そこで組織されるひとびとの集合的共同的関係が利潤＝レントとして私的に領有されるメカニズムが強力に作動する。水嶋はアジア社会においてメディア文化産業が，ひとびとの共同的関係を組織する主要な磁場となり，この磁場においてひとびとの共同的関係を資本が私的に収奪するか，それとも社会

成員がみずからの協働の成果としてそれを領有するかという歴史的選択を抱えたアジアの将来像を展望する。

　以上の考察を通して浮かび上がってくるのは，インターネット・映画・音楽などのメディアがアジアの社会形成に果たす独自な位相である。これらのメディアは，伝統的な社会諸関係が崩壊する中で，政治権力がナショナリズムやジェンダーにおける既存の支配関係を維持する新たな媒体になると同時に，被支配階級が伝統的な支配関係を覆し，それに抗する対抗的なヘゲモニーを構築する回路にもなる。メディアを仲介とする権力諸関係の再編と社会形成というテーマは，21世紀のアジア社会の将来を占なう核心的なテーマの1つであるといっても過言ではない。さらにメディア文化は，文化産業の発展を仲介することによって，アジアの資本蓄積の発展にとっても重要な場になりつつある。要するに，アジア社会における文化と経済と政治の関係を問うために，アジアのメディア文化論は避けて通ることのできないテーマとなっている。本書がこの壮大なテーマの究明にわずかなりとも寄与することができるとすれば望外の喜びである。

　本書が誕生するきっかけとなったのは，大阪産業大学の経済学部で2005年にスタートしたアジア共同体研究センターの共同研究である。本センターは，文部科学省のオープン・リサーチ・センターに採択された「アジア共同体の可能性」というテーマを追究する研究グループで，テーマ別に6つの研究グループが組織されている（これらの共同研究の成果の一部は，2007年大阪産業大学経済学部創立20周年記念出版『グローバル化するアジア』斉藤日出治編，晃洋書房，として公表された）。このグループのなかに，アジアにおける相互依存関係の深まりがアジアの文化や社会に及ぼす影響についての研究をテーマとするグループがある。この研究グループが，中国の天津理工大学と大阪産業大学で4回の国際シンポジウムを開催した。本書は，これらのシンポジウムで発表された報告を核にして編まれたものである（アジア共同体研究センターおよび4回の国際シンポジウムについての詳細な紹介は本書あとがきを参照されたい）。

　なお，本書の刊行に当たって，大阪産業大学より共同研究の成果発表のた

めの助成金をいただいた。ここに記して感謝の意を表したい。

　またナカニシヤ出版の津久井輝夫氏には，本書のテーマの意義をご理解いただき，編集に際しても貴重なアドバイスを賜った。厚くお礼を申し述べたい。

　2008 年 8 月

斉藤日出治

目　　次

まえがき　*i*

I　記憶とジェンダーのメディア・ポリティクス

第1章　ナショナル・メディアを超えて ……………… 4
──映像メディアと歴史認識──
■斉藤日出治

1　はじめに──アジアのグローバル化とメディアの役割 … 4
2　アメリカニゼーションとナショナリズム ……………… 6
3　戦後日本のナショナリズムとナショナル・メディア ……… 13
4　グローバリゼーションとネオ・ナショナリズム ……………… 16
5　トランスナショナルな歴史認識と対抗的メディア ………… 20

第2章　『こんにちは赤ちゃん』の政治学 …………… 28
──メディアが語るジェンダーと家族──
■田間泰子

1　歌う主体 ……………………………………………… 28
2　ハコの中のハコの中のハコ ………………………… 35
3　ハコの内と外 ………………………………………… 40

第3章　映画『青燕』をめぐるポストコロニアル状況 …… 47
　　　　――現代韓国の大衆文化と「記憶」の表象――
　　■平田由紀江

1　はじめに ……………………………………………………… 47
2　韓国映画と「新しい記憶方式」…………………………… 48
3　映画『青燕』のストーリーと朴敬元のこと …………… 50
4　映画『青燕』と朴敬元をめぐる親日論争 ……………… 53
5　現代韓国社会における「親日」とは …………………… 59
6　親日論争と「新女性言説」のなかの朴敬元 …………… 61
7　おわりに ……………………………………………………… 63

II　せめぎあうインターネット空間

第4章　日本のインターネット文化と閉塞社会 ……… 68
　　■高増　明

1　はじめに――インターネット文化とは？ ……………… 68
2　電車男とは何か …………………………………………… 71
3　電車男と2ちゃんねるについての評価 ………………… 75
4　追い詰められていく若者――日本の経済・社会状況 … 79
5　仮想共同体としての2ちゃんねる ……………………… 84
6　インターネット文化の国際比較 ………………………… 89
7　おわりに ……………………………………………………… 90

第5章　韓国のデジタル権力　………………………… 93
■崔　鐘仁

1　はじめに——韓国のデジタル環境 ……………………… 93
2　パノプティコンとデジタル権力 ………………………… 96
3　デジタル権力の産物 ……………………………………… 98
4　おわりに——展望 ………………………………………… 103

第6章　中国におけるネット用語とネットゲーム …… 105
■徐　怡秋

1　はじめに …………………………………………………… 105
2　中国におけるインターネット利用状況の特徴 ………… 106
3　ネットゲーム ……………………………………………… 117
4　おわりに …………………………………………………… 126

III　ポスト社会主義のポピュラー文化

第7章　王小帥の映画と中国の社会変容 ……………… 130
■胡　备

1　はじめに …………………………………………………… 130
2　王小帥と彼の作品 ………………………………………… 131
3　第6世代監督 ……………………………………………… 133
4　王小帥の主な作品 ………………………………………… 135
5　1980年代の中国の社会と文化 …………………………… 141

6　『17歳の単車』と21世紀初頭の中国社会・文化 ………… 144
　　7　おわりに ………………………………………………… 146

第8章　中国ロックと中国社会 ………………………… 148
　　■ファンキー末吉
　　1　中国ロックの誕生 ……………………………………… 148
　　2　中国ロックの黎明期 …………………………………… 153
　　3　中国ロックの衰退 ……………………………………… 157
　　4　中国ロックの未来 ……………………………………… 161

IV　グローバル文化産業の動態と動向

第9章　〈魂の工場〉のゆくえ ………………………… 164
　　── ポストフォーディズムの文化産業論 ──
　　■水嶋一憲
　　1　はじめに ………………………………………………… 164
　　2　文化産業からクリエイティブ産業へ ………………… 168
　　3　グローバル文化産業とブランドの論理 ……………… 172
　　4　魂の工場の変容とレントの技法の増大 ……………… 179
　　5　〈チャイニーズ〉・ゴールド・ファーマーの労働 …… 183
　　6　おわりに ── 魂の工場2.0と〈共〉の未来 ………… 189

＊

あとがき　194

索　引　198

アジアのメディア文化と社会変容

I　記憶とジェンダーのメディア・ポリティクス

第1章　ナショナル・メディアを超えて
―― 映像メディアと歴史認識 ――

斉藤日出治

1　はじめに――アジアのグローバル化とメディアの役割

　中国・インドをはじめとするアジア諸国のダイナミックな経済成長は，アジアの社会形成にも巨大な変容を及ぼしている。国境を越えた市場取引の進展は，伝統的な地域集団や国民国家の枠組みを揺り動かし，トランスナショナルな消費文化やメディア文化を急速に広めた。だが他方で，アジア社会のグローバル化に対する不安の意識が，原理主義的な宗教運動や排外主義的なナショナリズムの運動を増幅させている。

　インターネット，DVD，CD を初めとする各種のメディア・テクノロジーは，このようなたがいに相対立する脱伝統的文化の動きをともに仲介する重要な役割を演じている。インターネットは，一方でアジア諸国の音楽・映画・舞踏・演劇などの文化の国境を越えた波及を仲介しているが，他方でアジア各国の外国人排斥や隣国批判を増幅させる仲介としても機能している。これらのメディアは，グローバリゼーションの犠牲となり不満を抱く貧困層の異議申し立ての運動を増幅させ，そのために社会統合よりもむしろ分裂の様相を帯びた不満のナショナリズムが高揚する。

　ところが，かつて近代社会に出現した各種のメディア・テクノロジー，とりわけ映像メディアは，国民文化に支えられた国民的統合のナショナリズム

を仲介する媒体として機能していた。近代のナショナリズム（国民主義）は地縁・血縁関係などの自然発生的・身分的な結合にもとづくのではなく，地縁・血縁関係の解体にもとづく市場の物象的な社会関係によって組織される。市場の物象的な社会関係を組織する媒体となったのは，諸種の表象や映像であった。近代社会は各種のメディア・テクノロジーを発案することによって，自然発生的・身分的な結合関係から表象や映像を切り離し，それらを市場の物象的な社会関係を組織する媒体として活用するようになる。

　さらに20世紀に出現した大衆消費社会は，実体から遊離した表象・映像を組織することによって消費欲望の増殖とコントロールを可能にし，大量生産と大量消費の蓄積体制を構築した。だがそれだけでなく，この消費欲望を組織する媒体となった表象や映像が，同時に血縁的・身分的結合から切り離された諸個人を《国民》として統合する媒体となり，ナショナリズムの組織化を仲介する役割を果たす。

　その後20世紀末になると，グローバリゼーションとポストモダンの消費文化の台頭によって，映像メディアが組織したナショナル・アイデンティティが激しく揺り動かされるようになる。そしてこの危機がその反動としてナショナリズムを再構築しようとするネオ・ナショナリズムの台頭を招く。インターネットをはじめとする各種のニュー・メディアはこのネオ・ナショナリズムを増幅する媒体となる。だが同時にグローバリゼーションの進展は，ナショナリズムを超える社会関係の組織化の可能性をも切り開く。そして各種のメディアは，排外主義的なナショナリズムを超えてトランスナショナルな社会関係と歴史認識をはぐくむ媒体としても活用されるようになる。本章が課題とするのは，近代社会の社会的諸関係を組織する上で映像メディアが果たしてきた上記のような役割の歴史的な変遷を明らかにすることであり，映像メディアが国民の統合の手段から脱国民化のアイデンティティ形成の手段へと転換する歴史的傾向性を浮き彫りにすることである。そしてグローバル化の波を受ける日本およびアジア諸国において，メディアがはらみつつある新しい社会的な機能を究明することである。

2 アメリカニゼーションとナショナリズム

消費社会と歴史認識

　消費を美徳とし消費欲望の無限増殖を可能にする大衆消費社会の出現は，経済成長の量的な進展がもたらしたものではない。それは社会組織の巨大な転換がもたらした産物である。消費社会ではスタイルやファッションがひとびとの欲望をそそる。スタイルやファッションの流行は目まぐるしく変化し，たえずつくりなおされる。これに対して，かつての伝統社会の生活様式・衣装・慣習・日常の用具は変化することがなく固定されていた。

　　伝統的な様式は，世界と時間の凍りついた不変な世界，あるいは循環的な世界をなりたたせるためにあった。（ユーウェン 1990，43頁）

　しかも伝統社会では，衣装，身振り，用具などの個々の要素はすべて全体の生活様式に統合され，内的な一体性を保持していた。
　これに対して，消費社会におけるスタイルやファッションはもはや内面との結びつきをもたない外面的な表象であり，しかもこの表象が日々目まぐるしく変化する。そしてこの流動転変するスタイルやファッションがひとびとの共通のきずなとなり，ひとびとをたがいに結びつけるコミュニケーションの媒体となっている。

　　わたしたちの生活のあらゆる場面で，スタイルは〝法定通貨〟になっている。（ユーウェン 1990，42頁）

　伝統的社会から消費社会へのこのような生活様式の転換を仲介したのがメディア・テクノロジーであった。スチュアート・ユーウェンは19世紀末に写真が発明されることによって，身の回りの事物の実体から表象が分離するようになったことに注目する。写真の発明によって，「物質的世界からじかに多様な外観を取り出すことが可能になった。フォルムが物質と分離されう

るのだ（ユーウェン 1990，47 頁）。

　実体から切り離された表象がさまざまなイメージをつくりだし，そのイメージが市場で商品化される。実体からの表象の分離は，ひとびとの感受性を変容させ，世界の解釈のしかたを変えるようになる。

> ひとびとがすぐに世界を操作の対象とし，世界から視覚イメージを剥ぎ取り，そのイメージを市場で安価に売買することになる。（ユーウェン 1990，48 頁）

　このようなイメージの自由な売買が，それまで固定した地位や身分にしっかりと結びつけられていたスタイルを，市場で多様な消費者に販売することのできる商品へと変換させたのである。物質から映像が剥離し，物質に関する表象がさまざまに加工される。この表象の加工を専門とする工業デザインが誕生し，工業製品にさまざまなイメージの付加価値が加えられるようになる。このようにして工業製品においては，その実質的な機能よりもそこに付与されるデザインのほうが重視されるようになる。写真，映画，さらにはネオン・看板・広告塔，印刷機などの視覚メディアのテクノロジーの発展が表象の加工と商品化に拍車をかける。工業デザイン，広告産業，マス・メディアなど視覚に訴える各種の消費産業が発展して，これが広大な市場を開拓する。こうして市場で表象や映像を媒介にして商品を売買し消費することがひとびとのライフスタイルの支配的な活動となる。

消費のヘゲモニーと映像メディア

　米国におけるこのような消費中心のライフスタイルの出現は，米国の資本蓄積の主要な労働力源となった移民労働者に対して，とりわけ重大な影響を及ぼした。東欧（ドイツ，ポーランド），南欧（イタリア）で農村生活を送っていた農民が移民労働者として米国に渡り，都市の消費生活になじんでいく。移民はかつて慣れ親しんだ伝統的な自然観，家族や地域の生活習慣，農村の生活のリズムから解き放たれ，工場と都市生活において規格化され機械化された労働と生活のリズムにしたがい，市場で流行の商品を購入する米国

型生活様式へと組み込まれていく。したがって、移民が米国の都市に定住する過程は、1つの巨大な文化変容を経験する過程となる。

> 〝アメリカ化〟とは、それによって文化的変容が演じられるプロセスであり、人々が消費を生存と同一視することを奨励あるいは強制されるにつれ、過去の記憶が消し去られていくプロセスでもあった。(イーウェン/イーウェン 1988, 69頁)

　この文化変容は、20世紀資本主義の蓄積体制に見合う合理的な生活様式と新たな集団的主体の構築に向けて移民を規律訓練する過程であった[1]。つまりこの規律訓練の過程を通して、移民労働者は大量の規格化された工業製品・サービス商品に対する消費の担い手になり、このような消費需要の創出によって大量生産を大量消費へと連動する資本蓄積が推進されることになる。

　要するに、20世紀の資本蓄積体制は、市場の自由競争を通して自然発生的に出現したのではなく、ひとびとのライフスタイルを資本の蓄積に向けて誘導する社会の組織化がもたらした帰結であった。

　このような資本主義の組織化の過程を洞察したのが、イタリアのマルクス主義者アントニオ・グラムシであった。グラムシは、工場の生産過程における自動組み立てラインと科学的管理法にもとづく大量生産体制(＝フォーディズム)が効率的に導入されるためには、労働者が機械的なリズムに順応し、自然本能を脱して新しいタイプの人間に変貌する必要があることを、そして米国ではそのための知的道徳的な指導(＝ヘゲモニー)が発揮され、諸種の政策が行使されたことを洞察した。フォード社の社会調査部による従業員の家庭生活の監視体制、高賃金政策による単調な生産リズムへの順応、性欲やアルコール癖のコントロールといった政策がそれである。

　グラムシはこのような政策の総体を《アメリカニズム》と呼んだ。そして、

---

[1] この文化変容の過程は、同時に移民や先住民の生活の自立能力を奪い取り、伝統的な文化を破壊し、モラルの退廃をもたらし、アルコール中毒患者を急増させるといった暴力的な契機を伴なうものであった。イーウェン/イーウェン (1982) はこの点についても言及している。

資本蓄積体制（経済的土台）とひとびとの生活様式や意識（上部構造）との不可分な連携を強調した（グラムシ 2006）。このグラムシのヘゲモニーの視点からすると，表象やイメージの組織化および消費中心のライフスタイルの確立は，資本の蓄積に向けたヘゲモニーが行使される過程にほかならない。それは伝統的な社会の生活様式と家族的生産様式を解体して，ひとびとの社会生活を全面的に資本蓄積過程へと統合する広義の意味における《政治》が作用する過程であった[2]。写真，映画，印刷技術などの視覚メディアや電話・ラジオ・蓄音機などのコミュニケーション・メディアは，映像や表象やひとびとのコミュニケーションを商品化し，ひとびとがこれらの商品の購買と消費を通してたがいに社会的なきずなを結び，ひとびとが資本蓄積を担う主体として動員されていったという意味において，20世紀資本主義の社会形成を推進する重要なヘゲモニー装置として機能したのである。

消費社会とナショナリズム

この資本蓄積のヘゲモニーが行使される過程は，同時に国民という集団的主体をたちあげ，ナショナリズムを構築する過程となった。資本の蓄積過程に適合的なひとびとのライフスタイルと生活習慣を築き上げるアメリカニズムのヘゲモニーは，移民をはじめとする多種多様な社会成員を都市型生活様式という共通の経験へと誘い，ひとびとを同一の〝米国国民〟として統合することになる。ひとびとは自然発生的な地縁・血縁の人格的依存関係に支えられて米国国民になったのではなく，むしろ多種多様な社会成員がかつての多様なルーツをもった伝統的な生活様式や生活習慣を脱ぎ捨て，スタイルや表象のきずなを媒介にして共通のライフスタイルを習得することによって米国国民という集団的アイデンティティを獲得していったのである。このようにして，アメリカニズムは20世紀資本主義における国民的統合とナショナ

---

[2] グラムシはフォーディズムにおける労働力の規律訓練のヘゲモニーについては着目していたが，消費中心のライフスタイルを確立するヘゲモニーの行使についてはほとんど言及がみられない。だが直接に言及していないとしても，グラムシのヘゲモニー概念は，労働の規律化だけでなく消費欲望の規律化をその理論的な射程にとらえていたと言えよう。

リズム形成の原型となった。

　米国は，国民の4分の3がラテン・アメリカ，ヨーロッパ，アジア，アフリカから渡来した移民の子孫だと言われる国である。その意味で，米国は言語・文化・生活習慣・伝統を異にする雑多なひとびとが混住する《多民族のるつぼ》である。これらのひとびとを資本の蓄積過程へと動員するためには，かれらを《国民化 nationalisation》し，共通の米国人として育成することが不可欠の条件であった。そのような国民的統合の場となったのが都市である。19世紀末から20世紀初頭にかけて米国の都市人口は急増する。この都市人口の急増は，ヨーロッパや日本のように地方の農村から都市へと人口移動が行なわれた結果ではなく，外国出身の移民が米国内の都市に大量に流入した結果としてもたらされたものであった。

　移民は都市に流入すると，出身地別に集住区を形成し，住み分けを図る。リトル・イタリー，リトル・ロシア，ユダヤ人街，チャイナタウンなどの小さな集落が都市に形成される。当時，シカゴ学派の都市社会学は，これを自然界における植物や動物の住み分けにたとえながら，人間生態学的な視点から米国の都市を考察した（R・E・パーク『都市』はその代表的文献である）。だが移民は都市生活を送る過程で，出身地の伝統的な社会関係や生活慣習をしだいに脱ぎ捨て，市場取引の物的関係に媒介された都市型生活様式を身につけるようになる。移民は集住区ごとに住み分けを図りながらも，同時に共通の都市型生活様式を身につけ，しだいに米国国民として自らを訓育していった。

　実体から遊離した表象を組織して多種多様な移民に共通の生活体験を課するための主要な媒体となったのが視覚メディアであった。スチュアート・ユーウェンとエリザベス・ユーウェンは，とりわけ映画が移民に都市の生活経験を共有させ，移民が都市型生活様式を習得していく重要な媒体となったことを強調している。映画は貧困，生活苦，セックス，暴力などの都市の日常生活をテーマに取り上げた。移民は映画の鑑賞を通して，身の振る舞い方，話し方，他人との付き合い方，身の装い方を習得する[3]。

　　アメリカニゼーションの基盤となった映画は，都会と田舎の人々に視覚的な教科書を提供した。消費，動き，美しさ，着こなしの理想が映画に

よって拡大された。(イーウェン／イーウェン 1988, 235頁)

家族や農村の伝統的な権威に代わって，映画やファッションや広告媒体などの大衆文化のメディアが新しい社会的権威として登場する。移民はこれらの新しい社会的権威にしたがうことによって，伝統的な道徳や生活慣習や民族衣装を脱ぎ捨て，流行のスタイルやファッションに同調し，大量生産された工業製品の消費主体として自らを育てていく。スタイルやファッションは，移民がそれによって自分らしさを表現するという新しいアイデンティティを構築する手段になると同時に，他者との関係を結ぶ媒体ともなった。

> スタイルとは強力な自己表現のしかたであり，他人との関係をつくる方法である。(ユーウェン 1990, 41頁)

したがってこの過程は，移民が自らを米国国民として育成し，スタイルやファッションのような物化された表象において国民意識を獲得し，新しいナショナリズムの担い手へと変容していく過程でもあった。奥出直人は，米国のナショナリズムが民族文化に根ざしたアングロ・アメリカン文化でも，アングロ・サクソン文化でもなく，消費文化という共通の経験に支えられた意識に立脚していたことを強調する。

> 1920年代に，アングロ・アメリカ・ブルジョアジーと移民の子供たちが消費活動を通して，民族集団どうしの境界を越えた共通の体験を作り出す。(奥出 1991, 113頁)

そしてこの共通の体験が米国国民という集団的アイデンティティを構築する。「アングロサクソンでも移民でもない『アメリカ人（民）』の概念」(奥

---

3) 吉見俊哉も，映画がアメリカ人の国民的統合のヘゲモニー装置として機能したことを指摘している。「ハリウッド映画は単にアメリカ人の大衆娯楽というよりも，それを通じてアメリカ人がみずからの文化的アイデンティティを確認し，また海外に向けて表明していくヘゲモニックな装置となった」(吉見 2001, 126頁)。

出 1991, 127 頁) がここに出現する。奥出はこれを「新しいナショナリズム」（奥出 1991, 127 頁）と呼んでいる。共通の消費文化はコスモポリタニズムではなく、米国の国民意識を醸成したのである。こうして「アメリカの社会に存在する文化すなわち、ウェイ・オブ・ライフを所与の物としてとらえそれに従うことがアメリカ人であるとする考え方が広まっていく」（奥出 1991, 127 頁）。

1930 年代になると，米国型生活様式が《メディアによって構築されたもの》というよりもむしろ自明のもの，所与のものとみなされ，この生活様式に順応するのが米国国民のアイデンティティであるという社会通念が確立する。吉見俊哉は，1930 年代に映画が米国国民を統合する媒体としてその力を完全に発揮するようになったことを力説する。「二〇年代初頭まで，映画はまだ，どちらかというとうさん臭い，労働者階級の娯楽だった。ところが三〇年代には……「映画製作者は国民の神話をつくりだす力を持っている存在としてかなりの尊敬と畏怖あるいは羨望の念をもってみられる」」（吉見 2001, 125 頁）ようになった，と[4]。

近代のナショナリズムがメディア・テクノロジーによる産物であることを強調したのが，ベネディクト・アンダーソンの『想像の共同体』である。かれは近代のナショナリズムを自然発生的なコミュニティとしてではなく，出版メディアのような共通の経験によって創出されたコミュニティとして構築主義的にとらえた。

　　国民とはイメージとして心に描かれた想像の政治的共同体である。（アンダーソン 1997, 24 頁）

そしてこの想像の政治的共同体を構築したのが資本主義的な生産関係とコミュニケーション技術（新聞，雑誌，出版文化など）との偶然の相互作用で

---

[4] 本章が強調したいのは，映画が移民の大衆娯楽になると同時に，米国の多様な社会成員をアメリカ国民として築きあげる国民化のヘゲモニー装置として機能していた，ということである。

あったことを強調する。

> 積極的な意味で、この新しい共同体の想像を可能にしたのは、生産システムと生産関係（資本主義）、コミュニケーション技術（印刷・出版）、そして人間の言語的多様性という宿命性とのあいだの、なかば偶然の、しかし、爆発的な相互作用であった。(アンダーソン 1997, 82頁)

だがグラムシのヘゲモニー概念を援用するならば、この相互作用はけっして《偶然的なもの》ではなく、資本主義のヘゲモニーの産物であり、ひとびとの社会生活を資本の蓄積過程へと統合する政治が作用する過程であった。国民を集団的主体として構築する《想像の共同体》の建設こそが、移民の国民的統合を推進し資本の生産力に向けてひとびとを動員することを可能にしたのである。

3　戦後日本のナショナリズムとナショナル・メディア

戦後日本のナショナリズム形成も、高度成長の過程で出現した大量消費を軸とする都市型生活様式の定着と密接に関連している。日本の高度成長は、民間設備投資主導型の資本蓄積を特徴としている。石油・電力などのエネルギー関連部門、建築・道路・工業用水などの産業のインフラ部門、そして鉄鋼・機械・金属などの生産設備・消費財関連部門の三系列の産業部門が相互に需要誘発効果を引き起こすことによって経済成長が実現した。だが同時に、この資本蓄積の過程は、大量の労働力を農村から都市へと移動させ、都市型生活様式を定着させる消費革命を引き起こした。ひとびとは都市で文化住宅に住まい、家電製品やインスタント食品を購入して消費する。消費財の購買と消費を軸にしてひとびとのライフスタイルが組織される。ひとびとは共通の消費様式とライフスタイルを確立することによって都市型生活様式を経験し、この経験の共有が国民という集団的なアイデンティティを築き上げた。その意味で、都市型生活様式は戦後日本の新たなナショナリズムの基盤となった。

とりわけテレビという視覚メディアは国民を統合するナショナル・メディアとして機能した。テレビは洗濯機，冷蔵庫と並ぶ家電製品の代表として日本の家庭に普及した。当時この3種類の家電製品は「三種の神器」と呼ばれたが，この表現は消費中心のライフスタイルの実現と天皇制ナショナリズムとの関連を象徴する表現であると言える。吉見俊哉は，家電製品を天皇の《神器》という表現を用いてシンボライズする方法のうちに，テレビに代表される家電製品を媒介にして「天皇制が国民の私生活に浸透していく」過程を読み取ろうとする。

> このナショナルなシンボルが国民の私的領域に分裂していき，それぞれの世帯が近代化された家庭としてのアイデンティティを確認していくシンボル的な作用を帯びていった。（吉見 2001，131頁）

テレビは家庭の茶の間の中心に位置して，一家団欒の家族を結びつける媒体となった。ゴールデンアワーの人気番組が全国共通に放映され，「家庭空間のなかにナショナルな時間割」（吉見 2001，133頁）が挿入される。そしてテレビが編成するナショナルな時間割を通して，天皇制ナショナリズムが国民の私生活に定着する。

したがって戦後の天皇制ナショナリズムは，戦前の日本におけるような私生活を否定した滅私奉公の国家主義とは異なっている。高度成長期には，都市型生活様式が定着し，国民の私生活がしっかりと確立され，人々は私人としてたがいに分断され孤立化させられる中で，これらの私人を統合するきずなとして天皇制が私生活の中に浸透して，国民のイメージをうちたてる。テレビという視覚メディアが天皇制を私生活に浸透させていく媒体となる。天皇一家の生活（家庭の団欒，結婚，訪問，儀礼など）をテレビで放映することによって，国民は自らの私生活と天皇一家の生活をだぶらせる。女性週刊誌における天皇家の取材記事が多く取り上げられクローズアップされるのも，国民の私生活に天皇制が浸透する重要な回路となった。

神島二郎が指摘するように，戦後日本の都市は農村の完全な解体の上に発展を遂げたわけではなく，農村の人間関係を引きずったいわば《第二のム

ラ》，あるいは二次的村落として編成された（神島 1961）。戦前の大和共同体にもとづく天皇制ナショナリズムは，戦後も崩壊することなく「企業共同体」や「単一民族共同体」の社会意識のなかに継承されている。だがそのうえに重ね合わされる形で，テレビのようなナショナル・メディアに仲介された都市の私生活が天皇制ナショナリズムを再組織し強化する機能を果たした。

　米国のナショナリズムは，移民をはじめとする国民の伝統的な生活様式と人間関係を完全に解体し，ナショナル・メディアを媒介とする米国型生活様式の定着によって支えられていた。これに対して，戦後日本のナショナリズムは，大和共同体と天皇制という伝統的な社会関係を解体することなく都市型生活様式においてそれを再編成する。メディアを媒介にして成立する日本の戦後ナショナリズムは，そのような戦前との断絶と継承という２側面によって支えられている。

　高度成長と家電に代表される都市型生活様式によって，戦後日本のナショナリズムは，政治的・イデオロギー的性格よりも，むしろ経済大国化する日本のイメージを際立たせる。高度成長がもたらす日本企業の国際競争力の増強は，《エコノミック・アニマル》あるいは《トランジスターセールスマン》と呼ばれる日本人の国際評価を招く。この国際評価を内面化する形での経済大国日本の意識形成が，戦後日本の国民意識を支えた。

　このような消費中心のライフスタイルのヘゲモニーによって確立されたナショナリズムは，戦後日本の歴史認識を視野狭搾なものにした。戦後日本社会の歴史意識から，近代日本のアジアにおける侵略と戦争責任を問う視点がすっぽりと抜け落ちる。戦後日本の社会運動についても，高度成長期に反戦平和の運動，消費者運動，公害反対闘争，都市住民の生活擁護の運動などは高揚したが，これらの社会運動にはいずれも日本の侵略責任との関係を問う姿勢が希薄である（たとえば企業による環境破壊は，戦前の日本企業によるアジア地域における資源略奪や環境破壊と連続性をもっているが，この連続性に着目した公害反対闘争はごくわずかである）。

　戦後民主主義の理念も，戦争の被害体験に立脚する国民意識に支えられていた。戦争体験と言うと，《８月のナショナリズム》と言われるように，被爆体験，空襲体験，天皇の玉音放送がこの夏の時期だけ想起される。戦後日

本のナショナリズムは，その意味で侵略戦争の歴史の忘却と抹殺のうえにうちたてられたと言ってよい。日本の反戦平和の運動も，この被害体験にもとづくことによって，ナショナリズムを暗黙のうちに支える役割を果たした[5]。

このような戦後日本の国民意識とナショナリズムは，自然発生的に出現したのではなく，テレビや週刊誌などの視覚メディアの媒介による国民的統合のヘゲモニーによって組織されたのである。

4　グローバリゼーションとネオ・ナショナリズム

グローバリゼーションと国民的統合の危機

1970年代以降，フォーディズムの蓄積体制が深刻な危機を経験し，欧米や日本の先進各国がこの危機に対する新自由主義的な対応をとることによって，国境を越えた資本・労働力の移動が促進され，戦後資本主義において確立された国民経済単位の蓄積体制の枠組みが突き崩されていく。そしてこの国民経済を単位とする資本蓄積の危機は，同時にそれまで資本蓄積過程を推進する担い手となってきた《国民》という集団的主体のアイデンティティの危機を引き起こす。

したがってグローバリゼーションは，国境を越えた経済取引の進展だけでなく，社会統合の危機を伴なった。かつて20世紀初頭における米国の移民労働者は，商品の購買と消費を通して伝統的なライフスタイルを脱ぎ捨て，自らを米国国民として主体化した。だが今日のポストモダンの消費文化は，国民のような集団的アイデンティティの形成よりもむしろ，個人が諸種の表象の断片をつなぎ併せて個人的アイデンティティを形成する媒体となっている。国民概念だけでなく，性，地域集団，年齢などにもとづく既存の集団的アイデンティティの枠組みが流動化し，揺らいでいる。ジグムント・バウマンはこれを「リキッド・モダニティ（流動的近代）」と呼んだ。

---

5) 太田昌国は，1965年の日韓基本条約の反対運動が植民地問題に無自覚であったこと，日本の反戦運動が日本人の被害者意識に立脚していることなどを指摘しているが，戦後日本の社会形成を考える上で貴重な考察である（太田 2003）。

20世紀に生み出された《国民》の概念は，地縁・血縁などの自然発生的な共同体に根差すのではなくスタイルやファッションなどの市場で商品として取引される表象を媒介にして成立していたが，国民の概念は，依然として個人が自己のアイデンティティを確証するもっとも安定した社会的帰属の場所であった。だがグローバリゼーションは，国民をふくめて自己がこれまで準拠してきた安定した集団的アイデンティティをすべて押し流す。《国民》という集団的アイデンティティが不動で所与であるかのように見えたのは，このアイデンティティがメディア装置のヘゲモニーによって強固に打ち立てられていたからであるが，このメディアがいまや変容して，国民的統合の媒体の役割を果たさなくなる。

　ひとびとは伝統的なコミュニティに代わって，自らが準拠しうる新たなコミュニティを探し求める。このコミュニティの最たるものは，電子的に媒介されたバーチャルなコミュニティである。「私たちは，たえず移動しながら，私たちのアイデンティティのコミュナルな準拠を求め」（バウマン 2007，56頁）ている[6]。

ネオ・ナショナリズムとメディア・ナショナリズム

　グローバリゼーションとポストモダン的消費による国民の解体は，社会成員の不安感をかきたて，新しい安定した共同のきずなを生み出そうとする願望を引き起こす。グローバル時代におけるネオ・ナショナリズムの台頭はこの願望を表現している。

　したがってネオ・ナショナリズムの特徴は，かつてのナショナリズムのように国民あるいは国民国家を所与のものとするのではなく，他者を排除しつつ自己の安定したよりどころとしてのコミュニティを求めようとする。

---

[6] ジェラード・デランティは，グローバリゼーションを契機として多元的なコミュニティへの希求が高まっていることを考察している（デランティ 2006）。重要なことは，この多元的なコミュニティはいずれもかつての自然発生的なコミュニティとは異なり，メディアを媒介した構築主義的なコミュニティだということである。しかも，これらの多様なコミュニティ像の間にはたがいに敵対関係や利害対立も生じている。ネオ・ナショナリズムはこのようなグローバリゼーションが引き起こす多元的なコミュニティのうちの1つとしてとらえられるべきものである。

ネオ・ナショナリズムの台頭の背景には，個人のアイデンティティの危機がある。個人の安定した集団的な帰属が失われ，自分の存在を確証できない若者が増えている。かれらは「自分探し」を進め，そのよりどころとして《超越的なもの》にすがろうとする[7]。その超越的なものの典型としてナショナリズムが再発見される。

　自分探しの帰結としてのナショナリズムは，ポストモダンの時代に見合った歴史観を生み出す。歴史は過去から現在へと流れる客観的な時間ではなく，諸個人が自分のルーツを求めて過去を自由に組み立てる物語となる。歴史は所与としてあるものではなく，主観的に構成されるものとなる。この歴史観を正当化するために，アンダーソンの《想像の共同体論》のような構築主義的方法が援用される。アンダーソンはナショナリズムを出版資本主義の産物として，出版メディアなどによって構築されたものとしてとらえるが，この手法が新自由主義の歴史認識を裏付けるものとして利用され，個人が自由に国民形成の物語を作成するという歴史観を支える。

　日本では「新しい歴史教科書をつくる会」が侵略戦争の事実にふたをして，日本国民の誇りを高めるという特定の視点から日本歴史の叙述を組み立てる。「歴史修正主義」と呼ばれる，過去の理解を修正し，過去の記憶を公共の意識から意図的に抹殺しようと図るこの歴史認識が，新自由主義的グローバリゼーションの進展とともに台頭する。

　『新しい歴史教科書』は言う。「歴史を固定的に，動かないもののように考えるのはやめよう。歴史に善悪を当てはめ，現在の道徳で裁く裁判の場にすることもやめよう」。そうではなく「歴史を自由な目で眺め」（西尾ほか 2001，7頁）よう，と。

　だが物語としての歴史はまったくの空白状態のなかで構築されるのではない。それは特定の目的のために，つまり日本の戦争責任を免罪するという目的のために構築される。そこにははじめから戦争責任を引き受けようとする姿勢は排除されているのである。

---

[7]　中島岳志は，若者の《自分探し》がナショナリズムという超越的なものを求める契機となっていることに注目している（中島 2007）。

> すべての叙述は構成されたものだとして等しくみなすことは……過去にたいして責任をひきうける可能性を放棄することである。(モーリス - スズキ 2004, 18 頁)

　新自由主義的グローバリゼーションが急進展する今日，時間と空間の均質化と平板化が進んでいるが，この時代は歴史認識を消し去るのではなく，むしろ流動化し断片化する個人のアイデンティティをつなぎとめ，人々の不安感を除去して安定したよりどころを提供してくれる歴史認識を積極的に生み出そうとするのである。そしてこの歴史認識がネオ・ナショナリズムの基盤となるのである。

　この新自由主義的な歴史認識は，「グローバリゼーションの風から守ってくれるもの，つまり，ばらばらに解体されている国民国家という壁がもはや提供してくれなくなった保護を求めようとする，真剣で絶望的な試み」(バウマン 2007, 93 頁) と言えよう。

　情報通信技術の革新にもとづく各種の最新のメディアは，このようなネオ・ナショナリズムを構築する媒体として機能する。20 世紀前半のアメリカニゼーションのようにメディアが移民労働者をアメリカ国民へと統合する媒介となるのではなく，むしろメディアが他国や他民族の文化や歴史との差異を強調し，他者を排除する媒介となっている。メディアは「人々の国家像や国家イメージの共有化に大きく寄与」し，「国民のあいだに「われわれ」の意識を醸成し，われわれとは異なる他者を区別する」(大石・山本 2006, 16 頁)。

　排除性を強調するこの不満のナショナリズムは，社会成員の国民的統合を図るよりも，むしろ国民の階層間の亀裂を深め，国民的統合を困難にする。社会の富裕層，多国籍企業のビジネスマン，技術者や研究者などは，グローバリゼーションの恩恵に浴するひとびとであり，これらの社会階層は国境を越えてグローバルに思考し行動する。したがって彼らはコスモポリタン意識と多文化主義の精神をはぐくむ。だがこれに対して，低所得層，若者，女性，高齢者など大多数の社会的弱者は，グローバリゼーションの犠牲となる。低賃金労働の移民が国内に流入し，企業の海外移転によって国内産業が空洞化

し，その結果失業・不安定雇用・低賃金といったような形で生活のリスクが増大するが，このリスクの影響をもろにかぶるひとびとは，コスモポリタン精神とは逆の排外主義的なナショナリズムにすがり，閉鎖的な地域主義や宗教原理主義にとじこもろうとする。

5　トランスナショナルな歴史認識と対抗的メディア

過去との出会いを仲介するメディア

だがグローバリゼーションの進展に伴なう国民の集団的アイデンティティのゆらぎは，ネオ・ナショナリズムの反応を呼び起こすだけではなく，国民を越えるトランスナショナルな集団的アイデンティティを生み出し，ナショナリズムを越えたコミュニティを創造する可能性の地平を切り開く。

この集団的アイデンティティは，歴史修正主義のような《国民》に閉塞した歴史認識を突破するトランスナショナルな歴史認識をはぐくむ。そしてこのような歴史認識を構築する媒体として映画，テレビ，インターネット，ビデオ，CD‐ROMなどの多様なメディアが活用されるようになる。これらのメディアに媒介された過去の発見が現在のわれわれの集団的アイデンティティを再構築する。テッサ・モーリス‐スズキは，過去の事実を認識する行為が過去との新たな遭遇を招き，過去の他者との一体感が現在のナショナリズムに拘束された集団的アイデンティティを揺さぶり，それを脱構築する可能性を指摘している。

> 展示資料館，記念館，史跡などは，……過去に生きた人びととの共感的関係に導いてくれる。過去の人びとの経験や感情を想像し，彼らの苦しみを偲び死を悼み，彼らの勝利を祝う。過去に生きた他者とのこのような一体化は，しばしば現在におけるわたしたちのアイデンティティの再考あるいは再確認の基盤になる。（モーリス‐スズキ 2004, 28頁）

過去を認識し過去とのかかわりを問い直す回路が現在のわれわれを規定する。だから「歴史的記念の行為こそが，集団的アイデンティティを生むので

ある。(モーリス-スズキ 2004, 28頁)。

　すでに述べたように，新自由主義の歴史観は，グローバリゼーションによる国民的アイデンティティの動揺を過去とのかかわりによって再構築し再強化しようとする。だから過去とのかかわりは，国民的アイデンティティにとって不都合な事実を意図的に抹殺し削除することによって行なわれる。

　だがまたメディアを介した過去とのかかわりは，国民という集団的アイデンティティを揺さぶり，それまで自明のものとされていた自らの歴史認識を問い直す契機にもなる。また個人が国民の集団的アイデンティティから脱して自己の思考や行動を切り開いていく契機となる。メディアを通して「過去のイメージと遭遇することで，わたしたちの歴史的責任意識がどのように形成されるかが見えてくる」(モーリス-スズキ 2004, 31頁)のである。

　テッサ・モーリス-スズキは，過去のイメージとの遭遇によって自らの歴史的責任意識を自覚する営みを《過去との連累 implication》と呼ぶ。かつて植民地体制下において行なわれた資源・食料・土地の略奪，民衆の強制労働や虐殺，性奴隷や強制連行などの虐待行為は，現在生きているわれわれが責任を負う必要のない過ぎ去った出来事ではなく，われわれ自身が過去のこのような不正に日々関与しているという意味においてわれわれの責任にかかわる出来事である。われわれは企業による富の収奪の成果を享受し，「歴史的暴力から得た富の受益者」(モーリス-スズキ 2004, 32頁)になっている。また植民地支配の犠牲となったひとびとは謝罪も補償も受けないまま苦難の生涯を現在もなお強いられている。そして加害国の国民は，そのような虐待の事実すら知らずにいる。このような状況に無自覚であり，そのような現在の状況をそのまま放置しているかぎり，現在を生きるわれわれは「事後従犯」(モーリス-スズキ 2004, 32頁)者であり，その意味においてわれわれは明らかに過去に対する責任を負っている。このような《過去との連累》の責任を自覚し，過去の不正を意識化する媒体としてメディアが重要な役割を演ずる。

日本の侵略犯罪を問う映像メディア

　ここで，筆者がかかわっている社会運動（「紀州鉱山の真実を明らかにする会」）を紹介しつつ，メディアを介した歴史意識の再構築について考えて

みたい。この会は，映像メディアを駆使して日本の侵略戦争の過去と向き合い，国民という集団的アイデンティティをのり越える歴史認識の構築をめざす運動体である。この会は，アジア太平洋戦争中に紀伊半島の南端にあった紀州鉱山で朝鮮半島から1000人以上の労働者が強制徴用されていた事実を調査するために結成された。

　だがわれわれはこの調査を進めるなかで，紀州鉱山を経営していた事業会社である石原産業が，紀州鉱山の開発に先立って1920年代にアジアの南方に進出して，鉱山事業，海運事業に着手していたことを知った。石原産業はマレー半島やフィリピンなどの東南アジアの各地で鉱山事業に取り組み，1939年2月に日本軍が海南島を軍事占領したとき，これに乗じて海南島南部にある田独鉱山の開発にとりかかり，鉱物資源の略奪を進める。この鉱山開発のために，中国大陸，インド，台湾，朝鮮の各地から労働者を集めて採掘労働を強い，数多くの犠牲者を出した。現在，田独鉱山のそばにはその犠牲者およそ1万人を追悼する「田独万人坑死難坑工記念碑」(2002年建立) が建てられている。

　1998年に石原産業による海南島での強制労働の実態を調べようと海南島を訪問したわれわれは，それ以降10年にわたる聞き取り調査や資料収集を行なうなかで，日本軍と日本企業が行なった侵略犯罪の実態を知ることになる。

　われわれは海南島における田独鉱山の調査活動を行なうなかで，鉱山の近くに「朝鮮村」と呼ばれる先住民の黎族の住む村があることを知った。その名前の由来をたどると，日本軍がアジア太平洋戦争の末期の1945年夏にこの村で多数の朝鮮人を殺害し埋めたことがわかった。これらの朝鮮人は，日帝支配下の朝鮮半島で刑務所に収監されていた服役囚で，およそ2000名が「朝鮮報国隊」として組織され，海南島に派遣され，島の各地で道路工事，飛行場建設，鉱山労働，トンネル工事などに従事させられ。そして日本が敗戦を迎えた時期に，生き残った者がこの「朝鮮村」に集められて殺害された。その殺害の様子については「朝鮮村」で当時住んでいた村民から証言を聴くことができた。

　この「朝鮮村」の虐殺については，韓国のテレビ局のKBS (1998年8月

「海南島に埋められた朝鮮の魂」）と MBC（2001 年 3 月「海南島の大虐殺」）が取材を行ないドキュメンタリー・フィルムを製作・放映している。だがわれわれはこれらのマスメディアとは別に，自ら撮影した証言者の証言，侵略の足跡，資料などを映像に収めたドキュメンタリー・フィルムを元に独自にビデオを製作した。2004 年製作の『日本が占領した海南島で―― 60 年まえは昨日のこと』がそれである。このフィルムの冒頭では，2001 年に MBC と韓国人実業家が「朝鮮村」で行なった遺骨の「発掘」シーンが長回しで登場する。2 つの頭蓋骨がくっついているもの，鉄の破片が頭蓋骨に突き刺さっているもの，手足が不自然にねじ曲げられた遺骨などが映し出される。また遺骨とともに日本軍の軍隊手帳，白いボタン（証言者は朝鮮人が白いボタンをつけていたと証言している）などが掘り出された。

このドキュメンタリー・フィルムは，「朝鮮村」で虐殺された朝鮮人の映像だけでなく，海南島の各地の村落で日本軍に襲われ食料を奪われ無差別に殺害され暴行を受けた実態についても，証言や遺跡や墓碑を映像に残している。たとえば文昌市の秀田村では，日本の敗戦のわずか半月前の 1945 年 7 月 30 日に村が襲われ，140 人が家に閉じ込められ火をつけられて焼き殺されたり銃剣で突き殺された。その中には 53 人の児童と 9 人の妊婦が含まれていた。生き残った証言者（陳明宏）は「たくさんの焼け焦げた遺体が重なっていた。炭のようになっている遺体もあった。ある人は水桶の中に，ある人は窓のはしをつかんで，逃げ出そうとする姿で死んでいた」と証言している。

日本軍や日本企業が軍事占領中に海南島で行なった虐殺や資源略奪の行為を知っている日本人はごく少数であり，この行為にかかわった元日本軍人は，戦後もその事実を黙して語ろうとしなかった。このような事実を日本社会が総体として黙殺しそれにまったく無知であるという状況は，戦後の日本社会でマスメディアや歴史研究によって組織的につくりだされてきたものである。日本政府はもとより，マスメディアも，歴史研究者も，左翼政党さえもが，日本がアジア侵略において行なった所業の事実を調査し伝えようとする意志も，志向ももたなかった。だがそれは偶然の結果ではなく，戦後の日本社会において作動するヘゲモニーの帰結である。

海南島における侵略犯罪の実態を映像化し日本社会に伝えたのは，われわれの会がはじめてである。その意味で，この映像は日本人の歴史認識を激しく揺さぶる。われわれの映像メディアが伝えるのは，日本社会が無意識的に，あるいは意図的に抹殺し消去した歴史の事実である。
　だが同時にこの映像メディアはたんに事実を伝達するだけでなく，映像メディアを観る視聴者にある感情を呼び起こす。それは自分が「過去の不正に関与」（モーリス-スズキ 2004, 32頁）しているという感情を呼び起こす。そしてこの感情を喚起することによって，映像メディアを媒介にした過去の出来事と，それを映像化するわれわれと，その映像を観る視聴者とのあいだに新しい関係が生み出される。映像メディアは「過去の出来事と，その出来事をフィルムに記録する人たちと，記録された映像を見て，解釈し，想起する観客とのあいだの関係」（モーリス-スズキ 2004, 185頁）を創造するのである。
　《日本軍の侵略》という概念が，証言を聞いたり映像を見たりする具体的な経験を通して観客のなかに共有された経験として定着する。映像は観客の感情を揺さぶり，倫理的・道徳的な感情を喚起する。映像メディアは事実の客観性の根底にひとびとの共有された経験があることを暴き出す。そして映像メディアを媒介にした経験の共有が，それまで自明の客観的な事実と思われていたものをくつがえす。
　だから，映像メディアには「創造と想像の行為が関わっている」（モーリス-スズキ 2004, 184頁）。映像メディアはその意味で経験の共有をめぐるヘゲモニー闘争の媒体をなす。たとえば小林よしのりの《ゴーマニズム》の漫画の手法は，日本のナショナリズムをうち固め侵略の事実を抹殺し戦争を美化する経験の共有に向けてひとびとのまなざしを誘導する。テッサ・モーリス-スズキが指摘するように，小林の漫画はつねに日本の兵士，あるいは日本の男性の視点から描かれており，この特定の視点が読者に押しつけられる。侵略の犠牲となった女性や子供や老人の眼は消去され，もっぱら侵略者の眼という特定の視点に向けて読者が誘導される「全体主義的な手法」をとっている。

　　読者は小林の画によって，自分をたんに日本とだけでなく，特定の〝日

本〟——男で,中年で,危機に瀕した自我を再びふくらませなければという強迫観念にとりつかれている〝日本〟と一体化するように仕向けられる。(モーリス-スズキ 2004,239頁)

　このような方向における経験の共有化は,今日めざましい経済成長を遂げる中国と,経済危機から脱することができずにいる低迷する日本という対比でものを考える日本人の不満のナショナリズムを刺激し増幅する。
　これに対して,われわれの映像メディアは,小林よしのりのように国境に仕切りを入れ排除と敵対を増幅する経験の共有化に対抗するもう１つ別の経験の共有化の方向性を打ち出す。その視点は侵略の犠牲者となった死者とその家族に,また侵略に抗して立ち上がる抗日の闘争に据えられる。そしてこれらのまなざしから映像が構成される。われわれはこの映像のなかで死者を観ているのではなく,逆に死者から見据えられ訴えられていることに気づく。それゆえこの映像は,それまで自明のものとみなされていた日本人の既存の集団的アイデンティティを激しく揺さぶることになる。このドキュメンタリー・フィルムを観た日本人の若者の多くは,「日本人はひどいことをした」,「自分は事実を余りにも知らなさすぎた」といった感想を語る。
　日本の若者たちは,歴史の教科書で過去の戦争において被爆や空襲などの被害体験について教えられてきたが,日本がアジア諸国で何をしたかについてまったく教えられていない。われわれのドキュメンタリー・フィルムはこのことを視聴者に問いかける。視聴者はわれわれの映像メディアを通して,日本の歴史教科書やマスメディアの伝える映像が特定の視点から組織されたものであることに気づく。日本人は戦後一貫してアジア太平洋戦争を戦争の被害経験を通して認識してきた。この被害経験の共有によって,ひとびとは自らを国民化し,日本国民というアイデンティティの感情をつちかってきた。
　だがわれわれのドキュメンタリー・フィルムは,この感情に揺さぶりをかけ,それとは別の経験を共有しようとする視点を提供する。この経験の共有が,国家によって仕切られたナショナリズムを越える歴史認識を生み出す。このとき,メディアはもはやかつてのように国民という集団的アイデンティティを形成する仲介として,つまりナショナル・メディアとして機能するの

ではなく，日本人という固定した集団的アイデンティティを問い直し，国民国家に制約された自己を超越するスプリングボードとなる。メディアは，ナショナリズムを支える経験の共有をつちかってきたナショナル・メディアから，この経験を超越するトランスナショナルな経験を共有する媒体へと転換する。ただし，この転換は歴史的必然の問題ではなく，メディアをその方向に向けて活用しようとするわれわれの歴史的選択の問題なのである[8]。

■参考文献
アンダーソン，ベネディクト 1997 白石さや・白石隆訳『想像の共同体――ナショナリズムの起源と流行』NTT出版
グラムシ，アントニオ 2006 東京グラムシ会『獄中ノート』研究会訳『ノート22 アメリカニズムとフォーディズム』〈アントニオ・グラムシ獄中ノート対訳セリエ〉同時代社
バウマン，ジグムント 2007 伊藤茂訳『アイデンティティ』日本経済評論社
デランティ，ジェラード 2006 山之内靖・伊藤茂訳『コミュニティ』NTT出版
イーウェン，スチュアート／イーウェン，エリザベス 1988 小沢瑞穂訳『欲望と消費――トレンドはいかに形づくられるか』晶文社
ユーウェン，スチュアート 1990 平野秀秋・中江桂子訳『浪費の政治学――商品としてのスタイル』晶文社
玄武岩 2005『韓国のデジタル・デモクラシー』〈集英社新書〉集英社
神島二郎 1961『近代日本の精神構造』岩波書店
姜尚中 2003『反ナショナリズム』教育史料出版会
北田暁大 2005『嗤う日本の「ナショナリズム」』〈NHKブックス〉日本放送出版協会
紀州鉱山の真実を明らかにする会 2004『日本が占領した海南島で――60年まえは昨日のこと』（ドキュメンタリー・フィルム）
―――― 2005『海南島で日本は何をしたのか』写真の会パトローネ

---

[8] つまりこのようなメディアの役割の転換は，メディアを使いこなすわれわれの姿勢と能力にかかっている。テッサ・モーリス-スズキが語るように，「大事なのはむしろ，二一世紀の社会にあるさまざまなメディアを批判的に，創造的に使いこなして，過去についての自分の理解を自分で育てて行けるような力を，歴史教育によって身につけることである」（モーリス-スズキ 2004，280頁）。
　その意味で，メディアを手段とした過去との出会いの創造は，グローバル時代における社会形成のヘゲモニー闘争の重要な課題の1つである。

―――― 2007『写真集・日本の海南島侵略と抗日反日闘争』
中島岳志 2007「若者の「自分探し」と平成ネオ・ナショナリズム」『エコノミスト』5月22日号
西尾幹二ほか 2001『新しい歴史教科書』扶桑社
大石裕・山本信人 2006『メディア・ナショナリズムのゆくえ』朝日新聞社
奥出直人 1991『トランスナショナル・アメリカ』岩波書店
太田昌国 2003『拉致異論』太田出版
―――― 2007『暴力批判論』太田出版
斉藤日出治・岩永真治 1996『都市の美学』平凡社
鈴木健二 2007『デジタルは「国民=国家」を溶かす――新メディアの越境・集中・対抗』日本評論社
モーリス‐スズキ, テッサ 2004『過去は死なない――メディア・記憶・歴史』岩波書店
梅森直之編著 2007『ベネディクト・アンダーソン グローバリゼーションを語る』〈光文社新書〉光文社
吉見俊哉 2001「ナショナル・メディアのゆらぎ」姜尚中・吉見俊哉『グローバル化の遠近法――新しい公共空間を求めて』岩波書店

第 2 章 『こんにちは赤ちゃん』の政治学
――メディアが語るジェンダーと家族――

田間泰子

1 歌う主体

誰が「こんにちは」と語りかけるか

『こんにちは赤ちゃん』，と聞いて，人々は何を思い浮かべるだろうか。今日，『こんにちは赤ちゃん』が意味するものは，厚生労働省が少子化対策として行なっている，生後 4 か月までの子どもがいる家庭への全戸訪問事業である。この事業は通称「こんにちは赤ちゃん事業」と言われ，「新しい少子化対策」(2006 年 少子化社会対策会議決定) として推進されつつある。市町村の「愛育班員，母子保健推進員，児童委員，子育て経験者等を幅広く登用する」ことになっているが，保健師や助産師が担当することも多い (厚生労働省次世代育成支援対策担当課長等会議 2006)。

しかし，中年以上の人は，梓みちよが歌った『こんにちは赤ちゃん』という歌謡曲をむしろ思い出すのではないだろうか。この歌は中村八大作曲・編曲，永六輔作詞で，1963 年 7 月に NHK の番組『夢であいましょう』の「今月の歌」として放送されて人気となり，11 月にキングレコードからレコードが発売され，年末に第 5 回日本レコード大賞を受賞した。翌 64 年春には甲子園の選抜高等学校野球大会の入場行進曲に採用され，映画も作られた (小茂田・島田・矢沢・横沢編 1995, xxv 頁; http://ja.wikipedia.org『梓みちよ』)。

図1 『こんにちは 赤ちゃん』
(KCIM8140, King Record, 1976)

こんにちは 赤ちゃん あなたの笑顔
こんにちは 赤ちゃん あなたの泣き声
そのちいさな手 つぶらな瞳
はじめまして わたしがママよ
こんにちは 赤ちゃん あなたの生命(いのち)
こんにちは 赤ちゃん あなたの未来に
このしあわせが パパの希望(のぞみ)よ
はじめまして わたしがママよ
ふたりだけの 愛のしるし
すこやかに美しく 育てと祈る
こんにちは 赤ちゃん お願いがあるの
こんにちは 赤ちゃん ときどきはパパと
ホラ ふたりだけの 静かな夜を
つくってほしいの おやすみなさい
おねがい赤ちゃん おやすみ赤ちゃん
わたしがママよ

　その歌詞を図1に示す。歌詞に明らかなように，この歌と現代の厚生労働省による事業には決定的な違いがある。それは，誰が赤ちゃんに「こんにちは」と語りかけるかという点である。訪問事業においては，赤ちゃんにとって赤の他人が少子化対策の専門的エイジェントとして語りかけ，「乳児家庭の孤立化を防ぎ，乳児の健全な育成環境の確保を図る」ことになっている（厚生労働省次世代育成支援対策担当課長等会議 2006）。それに対し，歌謡曲『こんにちは赤ちゃん』において語りかけるのは実母である。

　赤ちゃんに語りかけるべき主体が，45年前には実母であり，現代では政策によって専門化された人々であるという違いは，何よりも，子どもと家族をめぐる政治に大きな変容があったことを示している。本章ではその大きな変容を示すために，歌謡曲『こんにちは赤ちゃん』の物語を紐解くことからはじめてみたい。

歓迎の歌を歌う人

　『こんにちは赤ちゃん』は，第1に赤ちゃんへの歓迎の歌である。それは「こんにちは」と歌詞で幾度も語りかけられていることと，梓みちよが明るい笑顔でやさしく赤ちゃんに語りかけるように歌うことにより，確実なものとなって伝わる。対して，この社会に歓迎されて生まれてきた赤ちゃんは「笑顔」と「泣き声」をもち，「ちいさな手」，「つぶらな瞳」という描写によって小さくいたいけな存在として描かれる。「生命(いのち)」と「未来」をもつ1人の人間であることも強調されており，赤ちゃんの未来が幸せであることが「パパの希望(のぞみ)」でもある。この「ママとパパ」による，いたいけで未来ある

第2章　『こんにちは赤ちゃん』の政治学　　29

図2　NHK『歌で会いましょう』放映時のセット

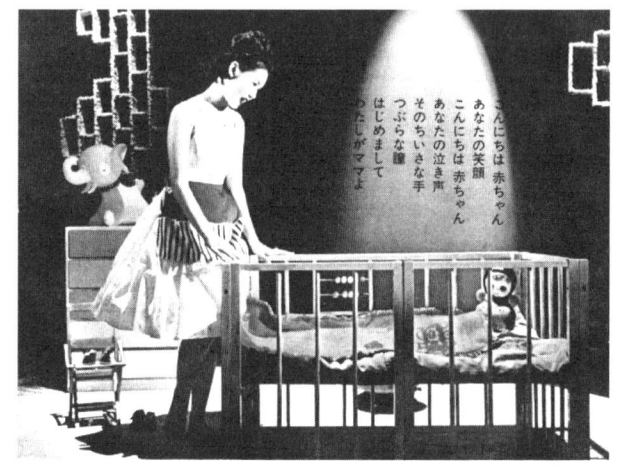

出所：『こんにちは赤ちゃん』レコードジャケット（1963）

赤ちゃんへの歓迎の歌という大きな構図は、この曲の第1の物語を構成する。

　ここで、本章の最初に指摘した〈語りかけの主体〉という論点から考えてみよう。主体は歌う「ママ」で、歌詞内容の区切りとなる3箇所に「私がママよ」と繰り返し自己主張する存在として登場する。では、この歌が歌われることによって、どのような主体が屹立するのか。「ママ」は、「おかあさん」でも「母ちゃん」でも「おふくろ」でもない。世代的には、戦中に生まれ敗戦を生き延びて、高度経済成長の始まった1960年代に母親となる、梓みちよのように若い母親たちである。彼女たちは着物に割烹着ではなく、洋装にエプロンを身に着け、恋愛によって結婚し、赤ちゃんを「愛のしるし」と考える。それは、女性たちが求めるべき幸福な若い母親の表象となる（図2）。

　この「ママ」は、赤ちゃんや「パパ」との間に幸福な家族関係を築いているかに見える。しかし、そこには明らかに非対等な力学が作用している。パパが赤ちゃんに直接語りかけてはいないからである。「パパ」の存在は、「ママ」の口から「あなたの幸せがパパの希望よ」と伝えられることによってのみ成立しているため、「ママ」の語りに支配されているといえる。「パパ」が本当に赤ちゃんを「希望」だと思っているのか、あるいは「ママ」が赤ちゃ

んにそう語りかけているだけなのかは、歌からは分からない。にもかかわらず、「ママ」が語ることは赤ちゃんとわれわれにとって現実となってしまっている。

　現実を語ることによって支配する主体として、「ママ」がこの歌を赤ちゃんに歌うとき、「パパ」は、語られる存在となることによって不在にされている。だから、ここに語られているのは、父親をそのように力学的に位置づけることを通して母親が構築する、排他的で密接な母子関係性である。必然の結果として、この歌は「わたしがママよ」という歌詞で終わらねばならない。2番の歌詞として、「ぼくがパパだよ」という主体が構築されることは永遠にない。

　2番がないということは、「パパ」だけでなく、他の人々も赤ちゃんとの関係性から排除されていることをも意味している。2番、3番、あるいは母親を押しのけて1番の歌詞としてさえ、母親以外の人々が育児の主体として登場することは可能だった。「わたしがババよ」、「ぼくがジジよ」、あるいは明治時代のように「私が子守の姉（ねえ）やよ」という歌詞も可能だった。しかし、可能であるにもかかわらず語られないことこそ、意味の網の目が構築されるにあたって権力が発生している場所である（フーコー 1986, 37頁）。『こんにちは赤ちゃん』には、若い実母と子どもとの、排他的で密接な関係性を構築する強力な力学が働いている。

「愛のしるし」がもたらす葛藤

　赤ちゃんは、歌詞の前半で歓迎されるが、歌詞の後半では少し異なる存在として描かれる。赤ちゃんは、「ふたりだけの愛のしるし」であると歌われるが、この言葉が示唆するのは夫婦間のロマンティック・ラヴ・イデオロギー、つまり、家族を形成する夫婦における愛と性と生殖の三位一体化である（ストーン 1991）。そこで第2に、赤ちゃんの表象をとおして語られている夫婦の性的関係性について考えよう。

　「愛のしるし」の「愛」は、赤ちゃんが生まれるのだから、精神的な愛だけでなく肉体的な性関係をも意味している。「ママ」と「パパ」のあいだには愛ゆえの性関係があり、それは生殖行為として次世代を担う赤ちゃんをも

たらす。しかし，赤ちゃんを歓迎する理由となるロマンティック・ラヴ・イデオロギーは，赤ちゃんを邪魔者とする理由にもなるのだ。なぜなら，歌詞の後半「お願いがあるの」以降は，ロマンティック・ラヴを実践したいから赤ちゃんは夜泣きするな，という内容だからである。

　その内容の箇所は歌詞のほぼ半分を占めるだけでなく，メロディにおいても最後の「お願い赤ちゃん」で最も情感を込めて歌い上げるべき旋律となる。このとき，歌詞の冒頭2行目にすでに「泣き声」という表現が置かれていたことに思い当たるならば，この歌は歓迎の歌であるだけでなく，ロマンティック・ラヴにとって赤ちゃんは邪魔者（少なくとも夜泣きする赤ちゃんは）であるというアンチ歓迎の歌として，もう1本の柱が通っていることが明らかである。この歌は，ロマンティック・ラヴ・イデオロギーが結婚において愛と性と生殖を一体化するゆえにはらんでしまう矛盾を描いているのである。しかし，第1に言及したように〈語りかけの主体〉が「ママ」であるため，ロマンティック・ラヴ・イデオロギーによって紡ぎ出される夫婦の性的関係性は，「ママ」が赤ちゃんの夜泣きをうとましく思うという，彼女の母親としての位置と妻としての位置の葛藤の物語として語られることになる。

　彼女の葛藤は，最後のほうで急に付け足したように盛り上がる旋律によって強調される「おねがい赤ちゃん　おやすみ赤ちゃん　わたしがママよ」という箇所で，実に情熱をこめて表現される。否，この箇所が存在することによって，この歌は，夫への性欲を充足しようとして悩む若い妻の，夜泣きする赤ちゃんへの懇願の歌になってしまった。ロマンティック・ラヴ・イデオロギーは，セクシュアリティの主体としての妻をも創り出し，排他的な母子関係性のなかに生きているはずの主体としての「ママ」を，凌駕しかねない事態をもたらしている。

　ロマンティック・ラヴ・イデオロギーを内面化した妻／母親が直面するこの葛藤は，愛と性と生殖が三位一体のものとして結婚に結び合わされたときから運命づけられているのだろうか。歌われている家族は，夫婦と赤ちゃん1人の3人家族である。それは，赤ちゃんさえ眠れば「ふたりだけの静かな夜」が過ごせるという箇所から推測できる。舅も姑も女中も親戚もいない，しかし赤ちゃんが必ず家にいる核家族，いわゆる戦後日本の「近代家族」で

ある (落合 2004)。近代家族には夫婦と子どもしかいないから,『こんにちは赤ちゃん』のように父親を排除して育児が実践されている場合には,この葛藤,つまりロマンティック・ラヴ・イデオロギーが内包する矛盾は,一身に妻／母親において引き受けられる。育児において母として主体となり,性愛においてロマンティック・ラヴの主体となった妻は,両者の葛藤の主体にもならざるを得ない。

赤ちゃんを歓迎する条件

　第3に,赤ちゃんの表象について考える。述べてきたように,いたいけな生命（いのち）としての赤ちゃんは,希望ある未来の表象として歓迎される。それがこの歌の最大のメッセージである。ただし,この赤ちゃんは無条件に歓迎されているのではない。赤ちゃんは「愛のしるし」でなければならないし,「すこやかに美しく育」つことが期待されているからである。

　まず「愛のしるし」であるが,ここで表明されるロマンティック・ラヴ・イデオロギーは排除の構造をあわせ持っている。赤ちゃんが,もし「ふたりだけの愛のしるし」でなければ歓迎されない可能性,赤ちゃんが望まれるか望まれないか,という運命の分岐点が産出されているからである。

　次に,この「愛」は男女が愛し合った結果,という文字通りのことを意味してはいない。もし意味しているなら,このママとパパは法的婚姻外の性愛関係,たとえば同棲や不倫でも良いことになる。しかし,婚外子は当時厳しい差別を受け,出生は低く抑えられていた（善積 1993,50頁）。同棲も,当時もちろんあったに違いないが,漫画『同棲時代』が登場して大人気となったのはようやく1972年であり,しかも主人公の今日子は哀しくも狂わなければならなかった（上村 1973-74）。その10年近く前に『こんにちは赤ちゃん』が大ヒットしてレコード大賞を受賞し,甲子園での野球大会の入場行進でも歌われたという状況を考慮すると,人々がこの歌によって,婚内子というマジョリティ・グループへの祝福を何の疑問もなく想起していたと考えざるをえない。赤ちゃんは,あくまで「一夫一婦制の法的婚姻内の性愛関係のしるし」であってこそ歓迎される存在だったのである。ロマンティック・ラヴ・イデオロギーだけでなく法律に裏付けられた排除の構造が,この歌が作られ,

聴かれ，歌われるときに作用していた。

　次に，「すこやかに美しく育」つことへの期待についてはどうだろうか。これを親なら誰でも子どもに望むこと，と素朴に考える̇べ̇き̇で̇は̇な̇い̇。なぜなら，この歌が発表された 1963 年は，子どもの「すこやか」な育て方について政治的な動きがあった時でもあるからだ。

　『こんにちは赤ちゃん』が NHK で放送されたのは 7 月であるが，その 2 か月前の 5 月，厚生省児童局は児童福祉法施行 15 周年記念として『児童福祉白書』を刊行した。白書は，「児童の非行犯罪，情緒障害や神経症，自殺その他による死傷の激増，婦人労働の進出傾向に伴う保育努力の欠如，母性愛の喪失，年間 170 万〜180 万件と推計される人工妊娠中絶，精薄児，心身障害児や奇形児の増加現象などからみて，わが国の児童は，いまや天国は愚か危機的段階におかれているのだ——という認識」に立つもので，「新しい時代の児童観と家庭づくりに対応し」，「新家庭制度の土台を社会的に保障しようとする施策」，「家庭生活の安定策を目標とした社会投資，人間投資を強く発言する」ものだと宣言している[1]（厚生省児童局編 1963，2‐3 頁）。

　この文章から，児童政策の理想に燃えて池田勇人首相に予算をかけあい 3 歳児健診も実現させた黒木利克局長が，何を社会的な問題だと思い，日本社会から無くすべきだと考えていたかが明白である。彼は子どもの幼少時の実母による専従の育児と，それを支える児童手当や健診制度などの充実を要望した。「こんにちは赤ちゃん」と語りかける主体（ママ）はそのためのエイジェント，赤ちゃんは「生命(いのち)」があるのだから中絶されてはならず，「すこやかに」育たなければならない小国民なのである。『こんにちは赤ちゃん』の歌は深く社会的文脈に埋め込まれており，皇室の婚姻・出産や育児書ブームに後押しされただけでなく，政策や経済，そしてマスメディアとも連関しつつ，家庭のあり方や母子関係のあり方（および父親を不在にするしかた）

---

[1]　差別的と考えられる表現が含まれているが，時代性を明らかにするためそのまま引用する。黒木は，ジョン・ボウルビィが戦災にあった子どもたちを調査して唱えた「母親剥奪理論」（幼少期に母親的な愛情を剥奪されると成長して反社会的性格など問題を生じるという主張）に賛成している。彼の池田首相と中央児童福祉審議会保育特別部会，マスメディアへの働きかけについては黒木（1964）と小沢（1995）を参照。

のモデルを示していた。

2　ハコの中のハコの中のハコ

家の中のテレビ

『こんにちは赤ちゃん』がレコード大賞を受けた1963年の12月，テレビの受信契約台数は約1500万件であった。テレビは50年代終盤から60年代前半に飛躍的に普及しつつあり，65年には契約台数は約2000万件，『国民生活時間調査』によれば1日に1度でもテレビを見る人の割合は92％，夕食中もしくは夕食後にあたる夜7時から9時には国民の過半数がテレビを見ており，1日に3時間も4時間も視聴される状況に達した。

1965年の『国民生活時間調査』によると，テレビ視聴の時間帯には，朝7時前後，昼12時前後と夜6時以降という3つの波ができている。また，視聴の場所はその95.9％が自宅内で，「他の人々」と一緒に見ていた（NHK放送文化研究所 2003，第1章）。つまり，テレビは，1960年代前半にはほぼ一家に1台あり，家族が食卓を囲む場所において共に視聴される，いわゆる「一家団欒」の欠かせない要素となっていた。

ここで，ドメスティック・スペースという概念を導入してみたい。これは，人々の実践によって構築される「家庭的空間」である。住居もテレビも，ただそれだけでは「家庭」を構築できない。人々が購入し，食事をする場所にテレビを置き，食事を囲みながら皆で視聴するという実践を通してのみ，ドメスティック・スペースは出現する（Rose 2003）。ドメスティック・スペースは「家内（domestic）」にあると同時に領域として支配されており（dominated），馴致された（domesticated）空間である。『こんにちは赤ちゃん』が聴かれたのは，そのような空間においてである。

想像してみると，ドメスティック・スペースは入れ子構造になっていることがわかる。家というドメスティック・スペースのなかに置かれたテレビのなかで，もう1つのドメスティック・スペースが展開する。上野千鶴子の表現を借りれば「ハコ」（住居）のなかにハコ（テレビ）があり（上野 2002），そのハコのなかに『こんにちは赤ちゃん』が歌われたセット（図2）や家族

ドラマといった家族表象がある。ハコの中のハコの中のハコ，幾重にも折り重ねられ（その内向きの閉鎖性からして，包囲されて，といってもよい）濃密に織り合わされた家族のドメスティックな空間が構築されるのである。

家の中のテレビの中の家

この空間——ハコの中のハコの中のハコ——の中で，『こんにちは赤ちゃん』の歌とともに誕生したのが，『ドラえもん』の主人公・野比のび太である。のび太の誕生日は1964年8月7日なので，その年3月の選抜高校野球の開会式で流された『こんにちは赤ちゃん』を胎内で聴いていたことになる[2]（藤子 1974 b, 51頁）。彼が早産で生まれた様子はないので，母・玉子がのび太を妊娠したのは前年11月のことと思われるが，それは『こんにちは赤ちゃん』のレコードの発売月である。のび太は，『こんにちは赤ちゃん』をめぐる政治学の真っ只中に，「ママ」と「パパ」に歓迎されて誕生した。

もっとも，のび太は決して「近代家族」のなかに生まれてきたわけではなく，長男が老親の面倒をみるという戦前的な社会規範をもつ直系家族のなかに生まれた。のび太の父・のび助は，戦前生まれの親孝行な息子という位置と，しかし「近代家族」を息子・のび太に体験させる「パパ」という位置をあわせもつ。その葛藤の最善の解決方法が，父方の祖父母をのび太の「現在」までに死亡させることであった。「家付き，カー付き，婆抜き」が女性の理想的な結婚として流行語になった60年代を通過したあとでは，とくに祖母は同居していてはならず（同居すると「いじわるばあさん」になってしまう），彼女は，タイムマシンで時々都合よく出会うことのできる，あたかも「前略おふくろ様」のような心の故郷にならざるを得なかった（長谷川

---

[2] 1972年の雑誌連載での誕生年は1962年であるが，その後変更された。婚姻の時期を考えると（プロポーズした1959年11月3日が「12年前」の「結婚記念日」とされている（藤子 1974 a, 140頁）第1子出生まで5年間と長くなる。以下，『ドラえもん』のアニメとコミックの内容については，ウィキペディア（http://ja.wikipedia.org 2008年3月閲覧）の「ドラえもん」の情報も参考にしている。アニメーションの声優が一新された現シリーズでは，時代設定その他が原著と異なるものがあり，アジアを中心に世界的に普及したのは以前の『ドラえもん』なので，本章では取り扱わない。

1995；倉本 1976)。

のび太の家庭が近代家族的である理由は，ほかにもある。のび太が1人っ子だということである。父・のび助が戦前生まれの5人きょうだい，母・玉子も同様で3人きょうだいであるのに対し，のび太の世代は，子ども数が1人から3人という少人数である。戦後日本の少産化は，1950年代前半から人口抑制政策とともに急激に進んだので，その頃に子どもをすでに2‐3人産んでいた女性たち以降の世代は，子ども数を調節して「近代家族」を形成することになった。玉子は戦前の生まれであるが，1959年に結婚したときには「家族計画」が政府やマスメディアによって叫ばれており，当時の調査では避妊経験率は62.7％であった（藤子 1974 a；田間 2006；毎日新聞社人口問題調査会編 2000)。東京都練馬区という都市部に住み，サラリーマン世帯の専業主婦で，結婚前に会社員も経験したらしい，しっかり者の玉子であれば，「家族計画」という名の受胎調節を行なって1人っ子を実現したとしても不思議ではない[3]。

しかし，当時の少産化は避妊だけでなく人工妊娠中絶にも大きく依存していた。玉子がのび太を出産した1964年の出生数は165万9521人で，公的統計によると中絶は95万5092件である（厚生省 2006，41頁；68頁)。のび太は，妊娠数のうち約3分の1が中絶される時代の運命のなか，無事に婚内子として歓迎されて誕生したことになる。

3つ目の理由として，玉子は専業主婦である。彼女は，のび太の幼少時には姑の介護のため多忙だったと思われるが，その死後に第2子を産んだわけではない。かといってパートタイムで就労するわけでもなく，趣味として華道の腕を磨き，地域の主婦グループでコーラスを歌っている（藤子 1976；藤子 1983 b)。玉子が歌好きであることからして，のび太が幼少期に『こんにちは赤ちゃん』を聴かされたことは想像に難くない。

4つ目に，玉子とのび助は恋愛結婚である。恋愛結婚は，1955年から1959年に結婚した夫婦における割合は36.2％，1960年から64年において

---

[3] 住所は練馬区に統一されているわけではないが，東京や神奈川の都市部住宅地である。

も 41.1％ であった（国立社会保障・人口問題研究所編 2004）。赤ちゃんが「愛のしるし」と歌われるためには，「ママとパパ」は愛と性の一致する恋愛結婚をしている必要があるから，玉子とのび助はこの点でも『こんにちは赤ちゃん』の歌の世界に合致していた。それにしても，1959 年というプロポーズの年が，その恋愛が世間を騒がせ国民をテレビに貼りつかせた，明仁皇太子（今上天皇）と美智子妃の婚姻の年であり，11 月 3 日というプロポーズの日が明治天皇の誕生日なのは，何かの符号であろうか。

それはともかく，『ドラえもん』が雑誌に連載されテレビで放映されていた 1970 年代には当たり前のことのように受け取られていた恋愛結婚も，きょうだいの数が少ないことも，父親がサラリーマンで母親が専業主婦であることも，すべて 1950 年代以降に加速した「近代家族」の形成によって多数派となった現象である。のび太はそのような時代の申し子として誕生し，「すこやかに大きく」伸びるようにと願って「のび太」と名付けられ，生まれてすぐに戦後復興の象徴たる東海道新幹線の開通と東京オリンピックの開催を経験し，日本の未来をのびのびと生きていくはずであった（藤子 1974 b, 56 頁）。

『ドラえもん』に織り込まれたセクシュアリティとジェンダー

その，のび太の描かれ方の 1 つの大きな特徴が，静香の裸体への欲望であることは重要である。『ドラえもん』において，のび太が静香の裸体を窃視する傾向のあることや，女の子の下着が見えるシーンが，文脈上はまったく必要ないにもかかわらず数多くあることは，すでに指摘されている（木村 2003）。のび太のセクシュアリティは，覗き見など「強制わいせつ罪」（刑法第 176 条）に相当するような非合法なかたちで発現することもあるヘテロ・セクシュアリティとして描かれており，静香のセクシュアリティは，それを「のび太さん　きらい！！」と言いつつ将来はのび太の妻になるという決定された位置によって最終的に許すものとして描かれる（藤子 1986 a, 43 頁）。さまざまなシーンでさりげなく見せられる下着も，のび太のトラブルやドラえもんの「ひみつ道具」といった物語の主たる筋書きの背景に埋め込まれていて，サブリミナルに無意識にすべりこむ。のび太が将来，静香とつくるで

あろう家族は，そのようなセクシュアリティを基盤にしているのである。

しかし本論からみると実は話が逆で，のび太のその欲望こそが将来の愛ある家族を形成する動因だから，彼の欲望は許されなければならないのだ。のび太の性的欲望と行為に対し，静香が将来妻となることによって免罪符を与えるという，愛ゆえに犯される罪と愛ゆえに約束された赦しの構図が，『ドラえもん』を犯罪の物語ではなく愛の物語にする。そして，女性の欲望は描かれないままに，われわれは，のび太とともにマルヴェイのいう「快楽」を，赦された愛として味わう[4]（Mulvey 1989）。しかも，息子が誕生するので，のび太と静香の性的欲望の差異的関係性は，法的婚姻において愛と生殖に結びついてロマンティック・ラヴ・イデオロギーを実現するという正統性を帯びるのだ。

さらに，のび太はサラリーマンになるようだが，静香の習い事は趣味的な域を出ない水準であるように描かれているので，専業主婦か家計補助的に趣味を活かして働くことが予想される。のび太と静香のロマンティック・ラヴ・イデオロギーには，夫婦間の性別役割分業，つまり夫が1人稼ぎ手で妻が専業主婦となる分業形態が貼り付いているのである。それは父・のび助と母・玉子においても同様なので，物語の展開の多様性を保証するために自営業者（ジャイアンの家）や企業家（スネ夫の家）を設定してはいても，『ドラえもん』の家族モデルが野比家なのは明白である。野比家の家族の物語を読むとき，われわれは同時に夫婦間の非対等な分業形態の物語をも読んでいるのであるが，それは愛の物語に埋め込まれている。

ところで，静香は，普段はのび太よりしっかり者で成績もよく，時々見せるズバズバとした物言いは玉子に通じるところがある。しかし，その名が静香で源氏の子孫らしいことから，のび太の願望においては，源義経の妾となった白拍子の美女・静御前が想起されるよう意図されている。実際，静香は人前ではそのしぐさにおいて名にふさわしく「笑うときに口に手を当てる」

---

[4] このことは，静香が性的に無知であることを意味しない。静香がのび太よりも性的知識をもっていることは明らかで，そのため対比的に彼の欲望がいっそう「イノセント（無知／無垢／無実）」という意味合いを帯びることになる（藤子 1975a, 51頁）。

などのマナーを身に着けており，身体は常に内側へと曲がる。それを見せるために，静香が『エクソシスト』の主人公リーガンもどきに胴体を180度ねじるようなシーンが生まれてしまうほどである（藤子 1986c, 116頁; フリードキン 1973）。のび太に対する言葉遣いも，当初は「のび太くん」「あんた」などと言っていたが，そのうち「のび太さん」という丁寧なものの言い方に変化した。のび太は，静香に対してずっと「ちゃん」づけで呼んでおり，彼のしぐさはつねにのびのびとして身体は外に広がるので，ここでも両者の関係は明らかに差異化され非対等である。

非対等性は，玉子とのび助の場合にも明白である。玉子は夫に対して（基本的に誰に対してもだが）非常に丁寧な言葉遣いをしており，「～ですよ」「～してくださらない？」といった「です・ます」表現や婉曲な表現を使う。一方，のび助の妻に対する言葉遣いは，「なんだ，どうしたんだ」など，くだけている（藤子 1983a, 15頁; 藤子 1986b, 100頁）。両親やのび太と静香のさまざまな側面における差異化と非対等性は，『ドラえもん』の物語の中心には位置づけられていないので気づかれにくい。また，玉子も静香もどこか凛としたマイペースを保っており，他方のび助とのび太はむしろ良い人なので，権力関係は見えにくい。それでも通奏低音のように，時にアドリブ的な臨場感をもって浮かび上がりながら，対となる男女間に設定された非対等性は響きつづけるのである[5]。

3　ハコの内と外

「悪母」の著作権

『ドラえもん』は，1969年末から連載が開始され，テレビでのアニメ放映もまもなく開始されたので，すでにおよそ40年近く経っている。『ドラえもん』に織り込まれたジェンダーと家族の物語，すなわち玉子とのび助，のび太と両親とドラえもん，のび太と静香の愛と性と生殖の関係性を下支えして

[5) アニメ化された場合，女の子の下着が見えるシーンや玉子とのび助との差異化が増えているように思われる（たとえば，藤子 1975b）。コミックとアニメの詳細な比較が必要である。

きたのは,『こんにちは赤ちゃん』を支えたのと同じ社会的文脈である。ロマンティック・ラヴ・イデオロギーは,テレビというハコの内だけでなく外でも,ペイド・ワーク／アンペイド・ワークの夫婦間分業や生殖の統制と結びつき,年金制度の「標準家族」となった戦後近代家族という規範的な家族表象をおしひろめてきた。その推力の政治的文脈の1つに厚生省の「家族計画」と児童政策があったことは,すでに見たとおりである。児童局長・黒木利克は,政治家への働きかけ,医師たち専門家の動員,NHKや新聞をはじめとするマスメディアの関心を集めることに成功し,3歳児とその「すこやか」さの成否を左右する重要なエイジェントとしての実母への社会的関心はいよいよ高まった。その社会的変化の過程で,同時に父親たちの企業戦士化が推進されることにより,ドメスティック・スペースは核家族化しただけでなく,急速に母子だけのものとなっていったのである。

さらに拍車をかけることになったのは,1950年代末から1970年代中盤にかけて開発された住宅地であろう。特に通勤時間が長くかかる郊外の団地や戸建て分譲地が建設されていくにつれて,都市部は男性労働者中心の空間,郊外は妻と子ども中心の「ベッドタウン」となり,家族の住居の外の空間のジェンダー化が進行した(影山 2004)。郊外住宅地は,妻子にとっては家事・育児をし,学び遊ぶ,「ベッド」だけではない生活の町である。したがって,「ベッドタウン」という呼称はおのずと,それが昼間に不在となる夫／男性労働者の視点からの空間の家父長制的な切り分けであることを露呈している。その「ベッドタウン」で展開すべき理想は,「パパ」が不在とされる密接な母子関係のなかで「ママ」が主体として赤ちゃんに語りかける育児である。

ところが,先に見たように,そこにはロマンティック・ラヴ・イデオロギーが内包する葛藤が存在する。胚胎するのは,〈性的欲望をもつ妻〉という表象である。1960年代の歌謡曲について,60年代後半に「小市民型マイホーム主義」を「まきちらすしあわせムードの流行歌」が歌われ始めたといわれているが(小茂田・島田・矢沢・横沢編 1995,11頁),それに先行して,マイホームで既婚女性が妻と母,もしくは性的欲望と母性愛に葛藤する存在であるとする歌が大ヒットしていたわけで,母親が歌う子守唄はもう哀しくなく

なっていた（石子 2006）。

　しかし，良い母親像が求められれば求められるほど，陰画としての悪い母親像も必要とされる。性的欲望は妻の葛藤の原因という馴致された座に納まらず，母性愛を凌駕し，子どもにとって悪い母親となる元凶にされていった。皮肉なことに，戦後近代家族を形成するための強力なイデオロギーとなったロマンティック・ラヴ・イデオロギーが，妻の性的欲望を作り出し家族をおびやかすことになったのである。他方，子ども数と人口を都合よく統制しつつ夫婦の愛と性的欲望充足の時間を作り出してくれるはずの「家族計画」の手段（避妊と中絶）も，性を生殖から切り離すことを可能にしたがゆえに，かえって性的欲望を生殖から解放し，生殖をおびやかすことになった（荻野 2003, 189 頁）。「家族計画」の指導は，まさに大企業の社宅やアパートのような集合住宅（別名，団地）から始まった。そこで妻たちが「家族計画」の結果として得た「格別のレジャーの時間」とは，団地に住んで，子どもとではなくペットと遊ぶことなのである（図3）。

　したがって，いたいけな子どもの敵としての「ママ」の性的欲望は，1960年代の戦後近代家族のイデオロギー的普及と歩みをともにし，男性たちに「母の崩壊」をつきつけ，あるいは「団地妻」という幻想を煽り，また母親たちには「母性喪失」批判として突き刺さりながらこの社会に定着していったのである（江藤 1967; 西村 1971; 田間 2001）。だが，それは誰が作り出した欲望だったのか。

　実は，『こんにちは赤ちゃん』を作詞した永六輔は，この歌を，中村八大が「はじめまして，僕がオヤジです」と初対面の赤ちゃんに挨拶したことから作った「もともとはオヤジの歌なんです」と告白している（講談社編 1990, 286 頁）。「ママ」の性的欲望は実は「パパ」の欲望だったのである。しかも，そのことは永の告白によるだけでなく，歌詞の著作権（権威をもつ書き手であること，authorship）として明示されている。葛藤する「ママ」の行為能力（agency）は「ママ」によって不在にされているはずの「パパ」によって，「パパ」のオーソリティをもって付与されたものだったのである。著作権で守られた男性たちによって構築された「ママ／妻」たちの欲望は，東京・多摩川沿いの一戸建てに住む妻の何気ない不倫へ，やがて郊外住宅地に

図3 「家族計画」を実行している郊外の団地の若妻の表象

出所:Koya 1963, p.34

住む複数の妻たちの不倫へとつながっていく（山田 1977; 鎌田 1983）。

　性と生殖と愛が結び付けられながら分離されてゆくその過程で，妻たちが，ピュグマリオンにとってのガラテアのように近代的主体へと成長しなかったと，誰に言えようか。

読解の多様性をもとめて

　『こんにちは赤ちゃん』の歌から45年後の現代,「こんにちは赤ちゃん」事業に明らかなように，育児の担い手としての母親は完全に政府の信頼を失っている。母親と子どもを家のなかにとどめ置こうとすることは，今や「孤立化」を招き，不「健全な育成環境」になりかねないと想定されているのである。一度閉じられた家のドアは再び開けられようとしている。支援と介入の境界線は見極めが難しいが，家庭というドメスティック・スペースは，今後ますます「介入する社会」の視線に晒されていくに違いない（ドンズロ 1991）。

　このように政治的位置づけが変容してしまった家庭のなかで，テレビはどのような家族の表象を流すのか。少なくとも幼少の子ども向け番組においては，まだ近代家族が主流であるといわざるをえない（主人公の母親が就労している例を数え上げてみよ）。さらに，女の子が主人公の戦士になる場合には戦闘もいわゆる女・子どもの空間，つまりドメスティック・スペースで起き続けるのだから，テレビというハコのなかでは，住宅地や郊外，子どもが

行く遊園地・学校といったドメスティック・スペースが，見えない境界に囲まれて存在しているのである（斎藤 1998）。

しかし，テレビのなかのドメスティック・スペースは，ルフェーヴルの表現を借りれば「空間の表象」である。それは，家のなかのテレビが置かれた居間という「表象の空間」のなかで，人々の空間的実践をとおして家族的なるものとして生きられる（ルフェーヴル 2005, 343-344頁）。したがって，ハコのなかの同じスペースを視聴するにしても読解の可能性はつねに開かれており，いわゆる「居間での戦争」も可能である（Ang 1996）。『ドラえもん』も，のび太がしばしば家出したくなるような，夫婦と親子だけで構成された「近代家族」の閉塞性にドラえもんが風穴を開けつづける物語とも読める。マルチメディアの普及など，生きられる空間としてのドメスティック・スペースの内外にも大きな変容が起きている今（西川 2004; NHK放送文化研究所 2003），日本社会でいかなる読解が可能であるのか，さらに『ドラえもん』のように広く海外で視聴されている作品がどのように読み込まれ，それが置かれたハコの外（社会的文脈）といかに関わっているのかを，本論の視座から検証することが次の課題となろう。

■参考文献
石子順造 2006『子守唄はなぜ哀しいか――近代日本の母像』柏書房
上野千鶴子 2002『家族を容れるハコ　家族を超えるハコ』平凡社
江藤淳 1967『成熟と喪失――"母"の崩壊』講談社，1993
NHK放送文化研究所 2003『テレビ視聴の50年』日本放送出版協会
荻野美穂 2003「反転した国策――家族計画運動の展開と帰結」『思想』岩波書店，955号
小沢牧子 1995「乳幼児政策と母子関係心理学」（抄録）井上輝子ほか編『母性』〈日本のフェミニズム5〉岩波書店
落合恵美子 2004『21世紀家族へ――家族の戦後体制の見かた・超えかた』［第3版］〈有斐閣選書〉有斐閣
影山穂波 2004『都市空間とジェンダー』古今書院
鎌田敏夫 1983『金曜日の妻たちへ』（脚本）TBS
上村一夫 1973-74『同棲時代』全6巻，双葉社

木村涼子 2003「女性キャラはなぜ一人？アニメやマンガにおけるジェンダー」天野正子・木村涼子編『ジェンダーで学ぶ教育』世界思想社
倉本聰 1976『前略おふくろ様』(脚本) 日本テレビ
黒木利克 1964『日本の児童福祉』良書普及会
厚生省児童局編 1963『児童福祉白書──児童福祉法制定15周年記念』厚生問題研究会（網野武博・柏女霊峰・新保幸男編 2006『児童福祉基本法制　第19巻』日本図書センター所収）
厚生労働省次世代育成支援対策担当課長等会議 2006『厚生労働省次世代育成支援対策担当課長等会議（平成18年10月）資料』(http://www.mhlw.go.jp/shingi/2006/10　2007年10月25日閲覧)
講談社編 1990『昭和二万日の全記録(12)安保と高度成長　昭和35‐38年』講談社
国立社会保障・人口問題研究所編 2004『平成14年　わが国夫婦の結婚過程と出生力──第12回出生動向基本調査』
国立社会保障・人口問題研究所編 2006『人口統計資料集2006』
小茂田信男・島田芳文・矢沢寛・横沢千秋編 1995『新版日本流行史』[下] 社会思想社
斎藤美奈子 1998『紅一点論──アニメ・特撮・伝記のヒロイン像』ビレッジセンター出版局
ストーン，ローレンス 1991 北本正章訳『家族・性・結婚の社会史──1500年‐1800年のイギリス』勁草書房
田間泰子 2001『母性愛という制度』勁草書房
田間泰子 2006『「近代家族」とボディ・ポリティクス』世界思想社
ドンズロ，ジャック 1991 宇波彰訳『家族に介入する社会』新曜社
西川祐子 2004『住まいと家族をめぐる物語──男の家，女の家，性別のない部屋』集英社
西村正五郎（監督）1971『団地妻　昼下がりの情事』〈日活ロマンポルノ〉日活
長谷川町子 1995『いじわるばあさん』全4巻，朝日新聞社（1966‐71年連載『サンデー毎日』毎日新聞社）
フーコー，ミシェル 1986 渡辺守章訳『性の歴史Ⅰ　知への意志』新潮社
藤子・F・不二雄 1974a「プロポーズ大作戦」『ドラえもん』第1巻，小学館
藤子・F・不二雄 1974b「ぼくの生まれた日」『ドラえもん』第2巻，小学館
藤子・F・不二雄 1975a「人間製造機」『ドラえもん』第8巻，小学館
藤子・F・不二雄 1975b「オトコンナを飲めば」『ドラえもん』第8巻，小学館
藤子・F・不二雄 1976「おそだアメ」『ドラえもん』第10巻，小学館
藤子・F・不二雄 1983a「地平線テープ」『ドラえもん』第28巻，小学館

藤子・F・不二雄 1983b「家元かんばん」『ドラえもん』第28巻，小学館
藤子・F・不二雄 1986a「「そんざいかん」がのぞいてる」『ドラえもん』第36巻，小学館
藤子・F・不二雄 1986b「アドベン茶で冒険」『ドラえもん』第36巻，小学館
藤子・F・不二雄 1986c「いたずらオモチャ化機」『ドラえもん』第36巻，小学館
フリードキン，ウィリアム（監督）1973『エクソシスト』ウィリアム・ピーター・ブラッディ原作・脚本・製作，ワーナー・ブラザーズ配給
毎日新聞社人口問題調査会編 2000『日本の人口』［改訂版］毎日新聞社
山田太一 1977『岸辺のアルバム』（脚本）TBS
善積京子 1993『婚外子の社会学』世界思想社
ルフェーヴル，アンリ 2005 斉藤日出冶訳『空間の生産』〈社会学の思想5〉青木書店
Ang, Ien 1996 *Living Room Wars: Rethinking Media Audiences for a Postmodern World*. London: Routledge
Koya, Yoshio 1963 *Pioneering in Family Planning*. Japan Medical Pub., INC.
Mulvey, Laura 1989 *Visual and Other Pleasures*. Bloomington and Indianapolis: Indiana University Press
Rose, Gillian 2003 'Family Photographs and domestic spacing: a case study.' Transactions of the Institute of British Geographers. 28(1)
http://ja.wikipedia.org『梓みちよ』，2007年10月4日閲覧

第 3 章　映画『青燕』をめぐるポストコロニアル状況
　　　　　――現代韓国の大衆文化と「記憶」の表象――

平田由紀江

1　はじめに

　韓国ではここ数年，近現代史をテーマとした娯楽映画が次々に製作されている。これは，大きくは，大衆文化の成熟期であった1990年代を経て，文化が政治的検閲への憂慮から解放されてしばらくたった2000年代の韓国大衆文化の1つの特徴とも言えるだろう。そのうちの多くは南北分断や軍事政権下における出来事を扱ったものである。これらの映画の多くはいわゆる韓国型ブロックバスター映画と呼ばれる，大予算をかけて制作されたもので，韓国映画史上の観客動員数記録を次々と塗り替えるほどのブームを巻き起こした。とりわけ南北分断を扱った映画のうちのいくつかは，韓流映画として日本でも人気を呼んでいる。キム・ソヨンの指摘のように，韓国型ブロックバスター映画の1つの特徴として，「韓国女性の不在」（Kim 2003）ということが挙げられるが，これは「集団の記憶」が男性中心的に再構成されていく過程であるとも解釈できるだろう。

　一方で，植民地期を生きた実在の女性を主人公としたブロックバスター映画が2005年末に登場し，わずか数週間で幕を下ろした。日帝時代を「積極的に」生きた1人の女性の表象をめぐってインターネット上でさまざまな議論が繰り広げられたのである。植民地近代における日常生活の研究が近年本

格化してきたばかりの韓国社会において，こうしたテーマの映画は，未だ植民地期の遺産が清算されていない状況においては時期尚早だったのであろうか，あるいは現代韓国における男性中心的な「集団の記憶」の再構成を邪魔するものとして受け止められたのだろうか。いずれにせよ，『青燕』をめぐる一連の騒動は，日帝植民地期という１つの時代への評価と，「集団の記憶の（再）構成」をいかに行なっていくべきかという葛藤を常に抱える韓国社会のポストコロニアル状況を示す一例として捉えられるといえよう。

　本章では，2005年12月末封切りの映画『青燕』と，この映画をとりまく韓国内での「親日論争」を取り上げ，以下の３つのことに焦点を当てて論じてゆく。１つ目は，大衆文化における歴史表象の問題である。それはとりわけ，ポストコロニアル状況下において複雑な様相を示す。２つ目は，『青燕』をとりまく論争についてである。この論争は，インターネット新聞に掲載された，朴　敬　元の親日疑惑に関する記事に端を発している。論争がどのように広がり，どのような社会的波紋を呼んだかについて論じる。最後に，『青燕』以前とそれ以降の，朴敬元の扱われ方についてである。この映画に関する論争がはじまる以前には，朴敬元という女性は，「親日」ではなく，別の仕方で表象されていたことに注目し，女性表象とポストコロニアル状況とのかかわりについて述べる。

2　韓国映画と「新しい記憶方式」

　2000年以降に製作された，いわゆる韓国ブロックバスターと呼ばれる映画には，現代史の史実に基づいたものや，史実を背景とし，集団の記憶（または集団の記憶とされるもの）に訴えかけるような作品が少なからず見られる。南北分断や軍事政権下での事件などという集団の記憶のなかの悲劇がテーマとなり，それは韓国映画作品の「多様性をもたらした」という言葉で肯定的に捉えられているようである。しかしながら，史実にわずかにでも基づいた作品や，実在の人物をモデルとして主人公を設定してある作品が公開されると，それらはそれぞれなんらかの史実の認識をめぐる論争を呼び起こしている場合が多い。たとえば，朴正熙暗殺事件の顛末を再現した映画『ユゴ

〜大統領有故』(2005)では，遺族が「名誉毀損」による上映禁止および損害賠償請求訴訟をおこして話題となり，また，金日成暗殺を目的として作られた特殊部隊による青瓦台（大統領官邸）襲撃事件を題材にした映画『シルミド』(2003)では，映画に使われる音楽をめぐっての論争[1]等がみられた。こうした状況は，文化が政治の影響から自由になり，自分たちの手で現代史を再考しようという社会的雰囲気の現われであるともいえるし，現在にも続くポスト冷戦とポストコロニアル状況における葛藤の現われであるともいえるだろう。

　忠武路[2]（チュンムロ）による大々的な歴史的記憶の商品化は，「集団の記憶」を商品として大衆の関心を集めるという資本主義の論理と，既存の歴史認識に対するある種の挑戦という二重の意味をもっている。こうした「集団の記憶」の商品化を，韓国の社会学者ノ・ミョンウは「新しい記憶の管理方式」(노명우 2004)であると指摘している[3]。そして付け加えるなら，こうした「集団の記憶」は，男性中心的な表象を特徴とすることが多い (Kim 2004 なども参照)。

　文化商品とはまさに，「生産者と受け手との間の，また異なった消費者集団の間の，利用と意味についての継続的な闘争の場」（カラン 1995, 29頁）であり，また，テッサ・モーリス－スズキが指摘するように，「マスメディアをとおして，過去について語りなおされた物語が，そこに込められた自負，同情，悼み，悲嘆，そして憎しみともども，わたしたちの心に生き，現在の（国際的な危機を含む）出来事にいかに面と立ち向かうか，あるいは立ち向かおうとしないかに，微妙な，それでいて紛れもない影響を与える」（モーリス－スズキ 2004, 33頁）ことも，事実であるといえる。

　2005年12月末に公開された映画『青燕』(2005年，ユン・ジョンチャン監督，コリアピクチャーズ)は，実在した女性，朴敬元 (1901 - 1933) を主人公とした作品であり，巨額の制作費も話題となった。映画雑誌などでの前評判も上々であったが，あるインターネット新聞に投稿された1つの記事をきっかけに，

---

1) 映画に挿入された革命歌「赤旗歌」をめぐり，康祐碩監督が国家保安法違反容疑で告発された。
2) 韓国映画産業界の通称。
3) 以下，韓国語文献の翻訳はすべて筆者による。

公開前からインターネット上で論争を巻き起こすこととなった。現実と虚構が織り交ざった映画のストーリーや表象に対しては，歴史認識の非正当性が叫ばれ，また，実在する朴敬元という人物や，彼女の行なった行為について監督はどのようにそれを認識し受け止めているのかということをめぐり，インターネット上での論争は行なわれていった。

　新しい「集団の記憶の管理方式」のなかで，この映画の主人公とそれを取り巻く状況は，「集団の記憶」においては歓迎されない存在だったのであろうか。

3　映画『青燕』のストーリーと朴敬元のこと

　実在の人物である朴敬元は，1901年に朝鮮の大邱に生まれた。日本で成立した桂太郎内閣が，韓国の保護国化を政策綱領として掲げ，韓国への政治干渉をますます強めていった時期のことである。

　朴敬元は日帝時代のさなかに1人日本に渡り，日本飛行学校立川分校で飛行技術を学び，当時の女性としては数少ない二等飛行士となる。飛行資金を集めるために自らソウルを訪れた際の，とある朝鮮人記者が朴敬元に行なったインタビューによれば，彼女ははじめ，自動車学校に入学し，無事卒業もしたが，警視庁に行き運転手試験を受けた際に不合格となったという[4]。

　その後，念願だった長距離飛行，そして故郷訪問飛行を行なうための準備を行なってゆく。彼女はついにその夢を，1933年，日本から朝鮮を経由して満州まで飛行する，日満親善・皇軍慰問日満連絡飛行というかたちで実現させるが，東京を飛び立った直後に熱海付近で墜落し，その生涯を閉じる。

　小泉又二郎逓信大臣（当時）とのただならぬ関係が当時の新聞に報道されたりもし，金のかかる長距離飛行が（失敗に終わったにせよ）実現したのはこの日本の政治家の後ろ盾があったからだというふうにも噂されていたようである。「空を飛びたい」という彼女の願望は，当時の日本政府の「内鮮満一体化」の広告塔として利用され，またそうした日本政府の思惑を結果的に

---

[4]　『学生』1巻3号，1929年5月号，pp. 59-63.

彼女が利用したというふうにもいえるかもしれない。

　彼女の墜死現場には慰霊碑が立てられた。朴敬元の生涯について，地道で詳細な調査に基づいて書かれた本のあとがきの中で，著者である加納実紀代は，1983年に行なわれた朴敬元墜死五〇年祭に参加した際，かつてのＡ級戦犯や旧軍人などから送られた花輪をみて，「死後五〇年経っても，朴敬元は日の丸から解放されていない—」(加納1994, 247頁) と感想を述べている。一方，同じ追悼式に参加した韓国女性航空協会会長・金璟梧は，「朴敬元の飛行士としての姿勢は愛国心からはじまったもの」であるとコメントしている[5]。彼女の足跡は，「民族」からも「日の丸」からも解放されていなかったのである。

　さて，映画『青燕』は，幼少時代の朴敬元の次のようなセリフからはじまる。このセリフはまるで，映画の中の朴敬元にとって，国などは関係なく，ただ飛ぶことができればいいのだというユン・ジョンチャン監督の意図を代弁しているかのようである。

　　大人たちは口を開けば日本に国を奪われたと憤慨したが，子どもたちは集まると忍者の話ばかりした。忍者たちは本当に空を鳥のように飛ぶことができたのだろうか。大人たちは日本人が作った嘘だと言ったが，子どもたちは誰も信じなかった。わたしも飛ぶことさえできたなら，どんなにいいだろう。わたしは毎晩夢を見た。鳥のように，空を飛ぶ夢。

　映画『青燕』は，朴敬元の生涯についての忠実な表象を目的としていたわけではなく，言うまでもなくフィクションとノンフィクションが織り交ぜられて構成されている。

　まず，「幼少期に飛行機を見て憧れを抱いたこと」，「日本に単身で渡り，苦労を経て飛行学校に入学し飛行技術を学んだこと」，「当時数少ない女性の二等飛行士であったこと」，「日満親善飛行に飛び立ったわずか数時間後に伊豆で消息を絶ったこと」というノンフィクションの部分を軸としている。こ

---

[5]　『朝鮮日報』1983年8月13日付．

れに加えて，ハン・ジヒョクという青年気象将校との恋愛関係，同じく女性飛行士であった日本人のキベ[6]とのライバル関係とのちの深い友情などが描かれている。

　クライマックスの１つともいえるのが，「朝鮮赤色団」なる独立運動団体のメンバーによる親日派殺害事件である。この殺害事件の犯人がハン・ジヒョクの旧友であったことから朴敬元は事件に巻き込まれ，２人は拘束されて拷問を受けることになる。このとき殺害された親日派は，朴敬元が所属する飛行学校へ遊覧飛行に訪れた，ハン・ジヒョクの父親という設定になっており，彼は父親殺害に関与した罪に問われ，日本の警察による激しい拷問の末，朴敬元の釈放と半ば引き換えに無実の罪をかぶり，処刑される。

　映画の最終場面では，朴敬元はハン・ジヒョクの遺骨を胸に抱きつつ，日章旗を持って，また日章旗を手に振る大勢の人々に見送られながら日満親善飛行へと出発する。

　権　銀　善（クォン・ウンソン）は，「植民地朝鮮の女性「朴敬元」，植民支配国である日本の女性「キベ」，そして朝鮮男性「ハン・ジヒョク」はすべて「朴敬元」である」と指摘する。権によれば，この３人は，

> ３つの体に分けられた１つの体である。歴史的事実に基づいて，虚構的テキストを構築する過程で，映画はこういう置換による人物の設定とストーリーの構造化を通じ，朴敬元に「親日協力」という歴史的な重みを最大限軽くしようとしたのだ。例えば対日協力，性的スキャンダルに連累した日帝官庁の後援部分は，木部という日本人の助力者を通じて，そして「日満親善飛行」が内包する歴史的責任の部分はハン・ジヒョクとの関係を通じて解決しようとしたのである。（권은성 2006, p. 8）

　したがって，映画『青燕』は，主人公・朴敬元の「親日的」要素を，別の

---

[6]　映画『青燕』に登場する「キベ」は，木部シゲノという実在する人物をある程度モデルにしていると思われるが，朴敬元との友情や，日本の政治家の愛人であったという映画における設定は架空のものである。木部シゲノは1903年朝鮮生まれ。日本初の女性二等飛行士。

登場人物に分散させ，それぞれに，恋愛，友情などの要素を加えてエンターテインメント化した作品であるといえるのだが，一方で，1人の女性の人生を，できるだけ忠実に描こうとした努力のあとが見受けられる作品でもある。

4　映画『青燕』と朴敬元をめぐる親日論争

『青燕』は，韓国型ブロックバスター[7]と呼ばれる大型映画に数えられる。かつて日本でも上映された，北朝鮮からのスパイと韓国の諜報機関員の恋と分断の痛みを描いた『シュリ』，同じく分断という現実を題材とした『JSA』などは代表的なものであるが，映画批評家のキム・ヨンジンは，『シュリ』の魅力について「ブロックバスターという主流の映画商品が，過去に不穏視されたイデオロギーの頑強な障壁を誰にも知られずにそっと乗り越えているところにある」とし，『シュリ』や『JSA』におけるこうした「(作品内での) 違反の快感は，一定の限界」を持つと述べている。映画に登場する他者 (『シュリ』における北朝鮮工作員イ・バンヒ，『JSA』において北朝鮮軍人と内密に交流したイ・スヒョク) は死ななければならないという「監視と処罰」が韓国型ブロックバスターの限界というわけである (김영진 2001)。

しかしながら『青燕』においては，こうしたストーリー展開における「監視と処罰」の法則は，意味をもたなかった。死を遂げることになるにせよ，主人公自体が，日帝に協力した女性，いわゆる観客にとっての歓迎されない「他者」とみなされたためである。

インターネット新聞「オーマイニュース」に「帝国主義のチアガール，誰が美化しているのか」[8]という記事が掲載されたのは2005年12月19日，公開を同月29日に控えてのことだった。記事の小見出しは「小泉総理の祖父との醜聞説」「日満親善皇軍慰問日満連絡飛行」「青燕の墜落と朴敬元の死」「朴敬元を追慕する日本人たち」「帝国主義と侵略戦争の花，朴敬元，そして

---

[7]　「韓国型」ブロックバスターとは，1998年の『退魔録』以来，制作費30億ウォン以上をかけた映画であり，韓国映画の「主流」とみなされる (김영진 2001)。
[8]　チョン・ヘジュ (bridalpink) 記者「帝国主義のチアガール，誰が美化しているのか」『オーマイニュース』2005年12月19日。

映画『青燕』」とあり，朴敬元の「親日経歴」と，それを追悼する日本人の中にA級戦犯が含まれているという事実が述べられている。それとともに，映画『青燕』においては朴敬元の親日経歴が美化されていることが指摘され，さらに記事の終わりには，映画『青燕』は，朴敬元を「小泉と日本帝国主義の羽で空を飛んだ最初の朝鮮女性」として復活させるという間違いを犯している，としめくくられている。その後もオーマイニュースには，この映画の賛否をめぐっていくつもの記事が掲載された。別の記事は次のように，この映画の監督であるユン・ジョンチャンの歴史認識について批判している。

> 『青燕』をめぐる論争の合理的な核心は「朴敬元が親日行為をしたのかどうか」ではない。親日映画なのかどうかという論争も消耗的だ。この一編の映画が日本に利しているという主張もまた幼稚である。重要なのは，ユン・ジョンチャンという監督が，そして映画『青燕』が，その時代をどのように見ているのかという問題であり，私はこの見方が，明白に間違っていると言っているのだ。[9]

これらの記事を受けたかたちとなり，ネチズンたちは論争を繰りひろげた。論争の焦点は，『青燕』は「親日」映画なのかどうかということであった。

ここでポータルサイト「ダウム」の「アゴラ掲示板」[10]への書き込み文のうち，「推薦記事」に選ばれたものを一部抜粋して見てみよう。最初の文を書いたネチズンは，映画を見たあとで，ほかのネチズンに警告している。

> ……直接的に国を売った人を主人公にした映画だけが売国映画ではありません。わが国で日本関連の人物，事件の話は時が流れても敏感な問題です。「売国」ということにたいしてもう一度みなさんで考えてみる機会になればと思います。……（……中高等学生のみなさん，これを盲目

---

[9] イ・ヒスク（kinema）記者「『青燕』，映画としてはすばらしいって？」『オーマイニュース』2006年1月24日．
[10] ユーザーが時事ニュースなどについての意見を書き込むBBS．

的にかっこよく見えるからといって見ずに，本当に見たかったら事前によく知った上で見てください。知れば知るほど見えてくるというのは本当です。まだ歴史に対する知識と意識が不足しているので，事前知識は重要だと思います）。[11]

また，別の書き込み（こちらも推薦記事）では，次のように書かれている。この記事の作者は自身を会社員であるとしている。

……この映画では，日帝時代の朝鮮人として当然であるはずの「愛国」が，ほとんど表現されません……。朴敬元は，単に飛行と，愛する男性がすべてでした……。他の朝鮮人も同様です……。彼らが朝鮮人というアイデンティティを持っているかどうかという疑問を抱かせるほどでした……。みんな祖国への愛国心よりも，自身の立身出世により力を注ぐ場面だけが描写されています。……映画の中間で朝鮮語を話すという以外は……，彼らが朝鮮人だとは思えなくさせられる映画……。これが大韓民国国民として日帝時代を表現した映画なのか……。こんな風に思いました……。……[12]

この記事には6万件を超えるヒット数，ネチズンによる407ものリプルと呼ばれる一言メッセージが書かれている。冷やかし半分のコメントも含まれてはいるものの，大部分がこの記事のテーマへの賛否を自分なりに論じており，意見の異なるユーザーへの攻撃なども見られる。一部ではあるが，その一例を見てみよう。

---

11) qqqqqqqq「『青燕』を見て……批判文です」2005年12月29日（http://agorabbs1.media.daum.net/griffin/do/debate/read?bbsId=D109&articleId=30522&pageIndex=1&searchKey=&searchValue=）（2008年8月13日検索）
12) The Novelist「昨日試写会で映画『青燕』を見ました」2005年12月22日（http://agorabbs1.media.daum.net/griffin/do/debate/read?bbsId=D109&articleId=30004&pageIndex=1&searchKey=&searchValue=）（2008年8月13日検索）

タンベクヘバ：……しかし！なんで韓国は侵略された分際で。36年間苦痛を受けたのにもかかわらず親日ゴミ映画が出回っているのか。……興行のために国まで売る作者。あとで独立運動に身をささげた独立闘士の前でひざをついて審判を受けろ。

オント 2004：飛行機に乗って日章旗を持ちながら笑った朴敬元に無意識的に拒否反応を示すのはどうしようもできない私の本能だと思う。映画を映画として見て，歴史とエンターテインメントを徹底的に分離できる性格だったらどんなにいいか。ずっと生きやすくなるだろうから。

HELLO：私も昨日 VIP 試写会を見ました。映画は映画としてみたらいいと思うんですが。私はそれなりによかったです。見る人によって観点が違うと思います。私はチャン・ジニョン氏（朴敬元役）の涙の演技が一品だったと思います。面会室での場面です。演技力やっぱりいいですね〜。

JESSIE：み・な・い。

キツネ：この映画，日本に輸出されたら見物だろう（涙）。[13]

　このように，インターネット上の討論では，大きく分けて，「この映画は親日映画，もしくは親日経歴のある朴敬元という人物を美化した映画であるから見てはいけない，あるいは問題映画である」という意見，「映画は映画として見よう」という意見，そして「この映画が日本に輸出された場合のことを憂慮」する意見が見られた。映画に否定的な意見が圧倒的であったが，ダウムには，この映画を親日的な問題映画だとするアンチ『青燕』カフェ[14]

---

13) いずれも上記記事にたいする一言（http://agorabbs1.media.daum.net/griffin/do/debate/read?bbsId＝D 109&articleId＝30004&pageIndex＝1&searchKey＝&searchValue＝）。(2008年8月13日検索)
14) http://cafe.daum.net/antichungyeon（2008年8月13日検索）

と，映画を映画として見ようという主旨の『青燕』サランカフェという，『青燕』支持派によるネット上のコミュニティが登場した。ネット上では，主にアンチ『青燕』カフェなどを中心にさまざまな噂が流れ始めた。

　こうした状況に対し，製作側であるコリアピクチャーズは，2006年1月2日，「先月30日からオンライン上で意図的に虚偽事実を流布する文に対し，サイバー捜査隊への捜査依頼を通じて法的対応措置に出る」と発表した。具体的には，「『青燕』製作に日本の資金が流入しているとの噂を流す」，「朴敬元の親日経歴説と関連し，映画『青燕』の名誉を傷つける」，「『青燕』に対する故意で悪意のある誹謗行為」などに対応する構えをみせた。

　これを受けてネット上での「アンチ」の動きはますます活発になっていく。翌日の1月3日，同じくダウムの「署名運動」掲示板では，アンチ『青燕』カフェによる「『青燕』不買運動」が展開され，期間限定つきのネチズンの署名は，署名人数1444名（署名目標の設定は1500名，署名期間は2006年1月3日－4月3日）であった[15]。

　一方，映画評論家や映画雑誌，プレシアンなどの一部インターネット新聞は「理念のドグマ，映画の真正性を害す」等の記事を掲載し，映画としての『青燕』を擁護する内容の発言を行なった。前出の映画評論家のキム・ヨンジンは，インターネット新聞・プレシアンでの映画評で，「（この映画は）朴敬元の親日経歴に関しても避けて通ってはいないと思う。そこに焦点を当てなかっただけだ。それは重要な違いだ。私は最近，とても鮮明な立場に立って何かを語っている言論や人々に嫌気がさしている」と語っている。また，映画情報誌『FILM 2.0』は，『青燕』を擁護する「緊急提言」を，8ページにわたって掲載し，映画と監督の意図するところを「代弁」した。

　　歴史と社会を見つめる観点と芸術作品を見つめる観点を区分することのできない，ドグマにとらわれた者たちは，進歩を装った魔女たちである。『青燕』が親日であるとの決め付けは，歴史的な描写の対象とその対象

---

15) http://agoraplaza.media.daum.net/petition/petition.do?action=view&no=10120&cateNo=241&boardNo=10120（2008年8月13日検索）

に対する評価を等価とする間違った置き換えから発生した間違いである。このように韓国社会にはフィクションを構成する監督の視線が歴史を見つめる一個人の視線として性急に置き換えられる可能性が常に存在する。[16]

韓国映画人たちは，芸術作品としての映画と，「歴史認識の問題」とを区別すべきだということを繰り返し主張した。同誌に掲載された映画評論家6人による一言映画評では，6人中6人が『青燕』を賞賛するコメントを書いている[17]。

また，コリアピクチャーズがネチズンを訴えるとした一方，ユン・ジョンチャン監督は，自身に「親日」を美化する意図がなかったことを繰り返し訴えた。「私だって大韓民国の教育を受けた人間なんですよ」[18]とし，「(朴敬元の)親日について言えば，映画で朴敬元を独立闘士や英雄として表現したわけではない。日章旗を持って飛行機に乗ったのは厳然たる事実だから，映画でもこの部分を正確に表現した。……朴敬元は両刃の剣だと思う。植民地時代に朝鮮では不可能だった飛行の夢を持ったという点，他の飛行士とは違って日本で飛行士資格を取り，故郷に戻らずにより大きな夢のために努力したという点，あの時代には受け入れられなかった女性の身分で飛行士になろうとした点などを念頭においてみると，理解できると思う。私はそんな朴敬元の姿がとても悲しかった」[19]と述べている。また，2006年6月に発売されたDVDの中でも朴敬元に関するコメントを繰り返し行なっている。

多くが「見ない」ことを前提にアンチ『青燕』運動を展開するネチズンと，忠武路や映画批評家との間の意見は奇妙なほどに食い違っていた。「観客の判断を仰ぐ」と言っていた製作側の期待とは裏腹に，『青燕』はインターネット上での論争が大きく原因して，約2週間ほどで映画館から姿を消し，観客動員数は約50万人にとどまった。

---

16) 「'親日論争' 映画『青燕』を擁護する」『FILM 2.0』2006年1月17日号，p. 31.
17) 『FILM 2.0』2006年1月24日号.
18) 『MOVIE WEEK』2005年12月28日号，p. 16.
19) 『MOVIE WEEK』2005年12月28日号，p. 17.

このような論争の根底には，「親日かどうか」という問題ばかりではなく，これまでの植民地時代に関する表象の問題が深くかかわっていると思われる。『青燕』では，植民地の日常性が数多く描写されているが，こうした植民地の日常性が韓国アカデミズムの世界で積極的に語られはじめたのは近年のことであるし，日本の支配勢力による拷問や卑劣な巡査などのイメージが繰り返し語られてきた韓国社会では，この映画のストーリーにおける「違反」は到底受け入れがたいものだったのかもしれない。しかしながら一方で，この映画のように，植民地近代の日常性を語り，それを表現しようとする動きが活発になっているのもまた，事実である。ポストコロニアルな状況が生み出したこのジレンマが，このような論争を生み出したのだといえる。

5　現代韓国社会における「親日」とは

　朝鮮半島において「親日派」とは，単に日本好きの人々のことを意味するのではない。それは植民地時代に日本帝国主義に加担した人々の総称であり，さらに親日の「日」とは，「今日においてそのような「日帝」的なものを復活・維持しようとする者・こと」（木村 2000）を指す[20]。開放直後の米軍政期に，旧支配勢力であった日本の組織や制度などが大部分そのまま利用されたため，日帝に協力した人々はそのまま権力を継承することとなった。民主化とともに，親日派研究がさかんに行なわれるようになったが，その多くは植民地時代の親日行為だけではなく，「「親日派」勢力が解放後は親米派に姿を変えて権力の中枢に居座り，植民地時代の民族解放闘争の流れを汲んだ民主化運動を弾圧してきたことを問題視しているともいえる」。（朴 2004, 215頁）
　2004年末には「日帝強占下親日反民族行為真相究明に関する特別法」が

---

[20] 木村によれば，「親日派」は大まかに4つのグループに分類される。第1に，1880年代から1890年代に活躍した，日本の大陸進出に加担することになってしまった人々であり，金玉均などがその代表的人物である。第2に，李完用など，韓国併合の最終段階においてこれに加担した人々が挙げられ，第3に，いわゆる日帝時代にその統治に協力した人々である。最後に，解放後に，「親日派」処罰などに反対し，解放以後の日本の朝鮮半島への再進出に協力したとされる人々（金性洙や朴正煕など）が挙げられる（木村 2000, 12-13頁）。

韓国の国会で可決されており，いわば民族の裏切り者とも捉えられている「親日派」の清算という課題は，現在の韓国社会において大変重要で敏感なイシューとなっているのである。最近では，2008年4月に民族問題研究所が，親日人名辞典に収録するための人名リストを公表している。

　一方で，とりわけ日常レベルにおいて使用される「親日」の意味は，これとは多少異なり，より広い意味で「日本（文化）を擁護する，もしくは支持する者」のような使われ方をされる場合もある[21]。大衆文化においては，たとえば，ベストセラーとなった，歌手チョ・ヨンナムの『殴り殺される覚悟で書いた親日宣言』（チョ 2005）などでは，親日は必ずしも韓国における本来の意味での「親日」を意味してはいない。つまり，「反日」の反対，「日本好き」という意味合いが強い。また，日韓合作ドラマなどへの出演で日本でも人気の若手俳優イ・ジュンギも，自分は日本が好きな「親日派！」であるという主旨の文章を自身のホームページに書き込み，大きな波紋を呼んだ。この文脈においては，「親日」という言葉は単に自分を「日本好き」であると表現するために（多少の皮肉を込めて）使われたものであると受け止めていいだろう。イ・ジュンギは，『青燕』と同時期に公開され，『青燕』とは対照的に韓国型ブロックバスターの代表作となった『王の男』によって，一躍大スターとなった若手俳優である[22]。

　『青燕』をめぐる「親日論争」とは，「親日行為を美化あるいは肯定的に描いた」製作側への非難であった。さらに言えばその非難は，朴敬元の「親日行為」を，製作側がどのように表象したのかという問題よりは，「親日行為」を行なった朴敬元という朝鮮女性を「朝鮮初の女流飛行士」と銘打ち，彼女の「親日行為」を美化した製作側の意図は何かということに向けられていた。ネチズンによって「親日」対「反日あるいは反親日」という二項対立的構図が作り出されたために，論争はより激しいものとなっていく。インターネット文化においては，議論は「賛成か，反対か」という単純な構図に陥りやす

---

[21] 道徳的な非難が込められているという意味では変わりはないが，「日本好き」が自らを，皮肉を込めて使用する例も見受けられる。

[22] 日本での報道は，「「親日派発言」をしていた韓国映画「王の男」人気俳優」『週刊新潮』2006年11月9日号，60頁を参照。

い傾向があるといえ，そしてそれは，インターネット上における『青燕』の不買運動にまで発展したのである。

6　親日論争と「新女性言説」のなかの朴敬元

この映画とそれをとりまく論争はまた，朴敬元が女性であるということで，より賛否が分かれた。いくつかの記事やネチズンの書き込みにも表われているように，「もし朴敬元が男だったら，それは完全に売国奴だ。でも朴敬元は女性だ。朝鮮の女性だって夢を持っていた」ということを根拠に，『青燕』を擁護する余地があるとした意見も見られた。このような意見への反対として「あの時代に「最初」ってことはつまり「親日」だったということだ」という意見もあった。なお，映画の脚本自体は，1994年に日本で刊行された加納実紀代著『超えられなかった海峡——女性飛行士・朴敬元の生涯』[23] などを少なからず参考にしていると思われ，「植民地時代を生きた一人の「女性」」にスポットが当てられている。

朴敬元という人物は，『青燕』公開前は，あまり一般に知られた人物ではなかったが，「新女性」というカテゴリーでは時々散見された女性だった。「新女性」とは，植民地時代に登場した，家庭から社会へ活動の場を広げた女性たちのことを指す総称であり，「「時代の先端を行く先駆的な女性」あるいは「性的放縦と逸脱によって失敗した人生を生きた女性」という相反したイメージ」（이명선 2003, pp. 5-6）をもつ。

実際，それまで朴敬元は，小泉元総理の祖父との醜聞説が一部新聞や本を通じて取りざたされたことはあったものの，新女性言説の中では植民地時代を生きた「朝鮮初の女流飛行士」であった。韓国初の女性新聞記者チェ・ウニが著わした『女性を超え婦女子のベールを脱いで』（최은희 2003）では「朝鮮の女流航空界のために無限の希望と期待がかかっていた朴嬢は，惜しくも33歳の青春を犠牲にした」と記述されている[24]。また，2001年に女性史博

---

23)　同書は，韓国語翻訳版も出版されている。
24)　なお，原文は1970-80年代はじめにかけて執筆されたものである。

物館で行なわれた展示では，ナ・ヘソクなど他の「新女性」と呼ばれる女性達と共に，女性史のなかの代表的な「新女性」のうちの1人として展示されていた。

1929年に，資金集めのためにソウルに訪れた際の取材に答える朴敬元には確かに，「新女性」のイメージが当てはまる。

> 記　では飛行機をはじめて見たときから，乗ってみたいと思ったのですか？
> 朴　もちろんそうでした。何よりも，女性は乗れないという言葉が一番「しゃくにさわる（＊原文は日本語のハングル表記）」のです。だから大正十二年ごろに，医学を学んで金を稼ぐと家には言っておいて，日本に行ったのです。行ってからは苦労も沢山しました。[25]

また，朴敬元が事故死したのちに編まれた『朴敬元嬢追悼集』を見ていくと，彼女と親しかった人々の発言からも，「新女性」的なイメージが浮かび上がる。編者の相羽有によれば，彼女はときにスキーをたしなみ，社交ダンスの腕もなかなかだったという。「朴さんの生活は千変萬化であった。ポケットのふくらんだときには帝国ホテルへ食事に行く。一軒借りて女中を置いたときもある。それが欠乏すると下宿屋の一室にとじこもってしまふ。豪華版から普及縮刷版までも下落する。それでニコニコ顔でいるのだから朗らかなものである」（相羽 1933，127頁）と回顧していることからも，大胆な性格が窺える。しかしながら，同じ追悼集に並ぶ日本政府や軍関係者の弔辞は，朴敬元の「親日経歴」を容赦なく物語っているようでもある。

映画『青燕』は，ある「民族」であることよりも「女性」として成功すること，そして1人の「女性」であることを優先させた側面を強調したために，彼女を「初の女流飛行士」でありまた「民族の裏切り者」として現代社会に再び浮上させてしまったといえよう。

前出の権銀善の指摘のように，「民族的含意から抜け出し，脱歴史的空間

---

[25]　「女飛行家一問一答——朴敬元嬢会見記」『学生』1巻3号，1929年5月号，p. 60.

で新女性の欲望をあますところなく表現しようとした『青燕』は，植民状況においてどうしようもなかった行為だったという，もうひとつの見慣れた民族談論である「状況論」に陥ってしまう」(권은성 2006, p. 8) のである。そして「どうしようもなかった」という「状況論」は，大衆文化における「集団の記憶の再構成」において，「処罰」の対象となったのだといえよう。

7　おわりに

この映画のロケ地の1つである静岡県の一部などでは，『青燕』が日本で本格的に公開され成功すれば[26]，魅力的な観光プログラムになるということを見込んで，フィルム・ツーリズムへの期待をかけていた[27]。こうした自治体や観光業界の期待とは裏腹に，韓国社会では歴史認識と映画自体への評価をめぐる激しい論争が繰り広げられたのである。

この論争の特徴をまとめると，だいたい次のようになる。

1つは，『青燕』をめぐる論争が，韓国大衆文化における歴史再構築の場での双方向性を表わしているということである。ネチズン文化がこれを可能にし，どのようなかたちであれ，またそれが正しいかたちの論争であったかどうかという問題は別として，製作側と対等に論争を行なっていったということは注目に値する。

次に，今回の論争では，「映画が親日的か，あるいはそうでないのか」ということに重点が置かれた。言い換えれば，選択肢は2つしかなく，その2つのうちから1つの答えを選ばなければならないというインターネット文化特有の傾向がみられ，他のことはあまり注目されなかったのである。「大衆文化とイデオロギー」という問題をめぐる論争は，映画の他の要素を覆い隠

---

26) 日本において『青燕』は，2006年の第19回東京国際映画祭「アジアの風」部門で上映されている。また，2007年に「シネマコリア2007」でも上映され，ユン・ジョンチャン監督自身も来日している（シネマコリアホームページ http://cinemakorea.org/filmfes/ 参照）（この時の観客数は東京，名古屋，大阪合わせて575名）。

27) サンフロント21懇話会ホームページ（http://www.sunfront21.org/kaze/040822.html）

してしまうという否定的側面はあったものの，ポストコロニアル時代のジレンマを浮き彫りにし，大衆文化における歴史の再構築という問題を再考する機会を提供したといえるであろう。

　大衆文化における「新しい集団の記憶の管理方式」において，「集団」とは，意識的・無意識的に「民族」を指すものとなり，男性中心的な「記憶」が新しく「表象」されていく事例が多く見られる。そうした流れにおいて，周辺化されたもう１つの「記憶」の居場所をめぐり，今後もさまざまな論争が予想される。

＊本章は，2006 年 7 月 1 日に行なわれた「カルチュラル・タイフーン」における発表原稿「大衆文化における歴史の再構築？──韓国映画『青燕』を事例として──」を修正，加筆したものである。

■参考文献

Kim, Soyoung 2003 'The Birth of the Local Feminist Sphere in the Global Era: Trans-Cinema and yosongjang', *Inter-Asia Cultural Studies*, vol. 4, No. 1, pp. 11-24.

Kim, Kyung Hyun 2004 *The Remasculinization of Korean Cinema*, Duke University Press.

권은성（クォン・ウンソン）2006「〈청연〉：'신여성' 재현에서의 민족주의와 페미니즘의 경합」国際シンポジウム「歴史・国家・女性──韓日比較女性史のための試み」（2006 年 7 月 24‐25 日，梨花女子大学校）発表文

김영진（キム・ヨンジン）2001『영화가 욕망하는 것들（映画が欲望するもの）』책세상

노명우（ノ・ミョンウ）2004「새로운 기억관리방식：기억산업의 징후（新しい記憶管理方式：記憶産業のきざし）」『문화과학（文化科学）』40 호

이명선（イ・ミョンソン）2003「근대의 신여성 담론과 신여성의 성애화（近代の新女性ディスコースと新女性の性愛化）」『한국여성학（韓国女性学）』제 19 권 2 호，pp. 5-37.

최은희（チェ・ウニ）2003『여성을 넘어 아낙의 너울을 벗고（女性を越え帰女子のベールを脱いで）』문이재

相羽有編　1933『故二等飛行機操縦士朴敬元嬢追悼録』日本飛行学校

カラン，J／グレヴィッチ，M　1995　児島和人・相田敏彦監訳『マスメディアと社会──新たな理論的潮流』〈Keiso communication〉勁草書房

加納実紀代 1994『超えられなかった海峡——女性飛行士・朴敬元の生涯』時事通信社

木村幹 2000「朝鮮/韓国における近代と民族の相克——「親日派」を通じて」『政治経済史学』日本政治経済史学研究所,通号403, 10‐30頁

チョ・ヨンナム 2005 荻原恵美訳『殴り殺される覚悟で書いた親日宣言』ランダムハウス講談社

朴一 2004「韓国人はなぜ親日派究明にこだわるのか」『論座』朝日新聞社,通号115, 212‐217頁

モーリス‐スズキ,テッサ 2004 田代泰子訳『過去は死なない——メディア・記憶・歴史』岩波書店

II　せめぎあうインターネット空間

第4章　日本のインターネット文化と閉塞社会

高増　明

1　はじめに——インターネット文化とは？

　日本の「インターネット文化」は，他の国々・地域の「インターネット文化」と同じなのだろうか，それとも違っているのだろうか。もし違っているとしたら，それはどのような要因によるものなのだろうか。これが，この章で考えていきたい問題である。また本書全体をとおしても，インターネットに加えて，音楽，映画といった文化領域について，グローバル化のなかの文化の地域性という同じ主題が，様々な視角から検討されている。

　「インターネット文化」について議論するためには，はじめに，「インターネット文化」が何を意味するのかについて考えておく必要があるだろう。ここでは，「インターネット文化」を「人々がインターネットを利用するときの固有の方法，また，インターネットを通して生み出される文章，音楽，映像，デザイン，芸術などの表現，作品，言説，イデオロギーなどの総体」と定義しておきたい。

　もちろん，技術的には，インターネットは，世界共通だといっていい。世界中のコンピュータは，TCP/IP というプロトコル（通信の手順・決まり）を基礎とするネットワークによって接続され，サーバと呼ばれるコンピュータに蓄積された情報に，私たちは，どこからでもアクセスし，ブラウザ（た

とえばマイクロソフト社のインターネット・エクスプローラー）とよばれるソフトによってそれを閲覧したり，逆に情報を発信したりすることができる。それがインターネットである。

　最近では，これまでのインターネットの利用方法を発展させた Web 2.0 [1]と呼ばれる新しいインターネットの潮流，新しいインターネットの仕組みが注目されている。そのような流れを代表するブログは，個人が自分の意見を自由に発表できるサイトであるが，その制作や更新は，ウェブページを制作するためのプログラミング言語である HTML などについての特別な知識なしに誰でも容易に行なうことができる。また自分の意見に対して他の人がコメントをつけたり，自分のブログにそのブログを見た人を招待する仕組み（トラックバック），更新などの情報をネット上に配信する RSS も装備されている。

　また Google に代表される検索エンジンと検索結果と広告を連動させる仕組み，Amazon がもっとも有名であるアフィリエーション（自分のウェブを企業のウェブにリンクさせて，閲覧者が企業から商品を購入したときに報酬が得られる仕組み），YouTube, Frickr などの動画・写真を共有し閲覧するサイト，すべての人が執筆に参加できるインターネットの百科事典である Wikipedia などが，Web 2.0 を代表するインターネットの利用方法である。これらの新しい Web は，より多くの人々の参加を促し，人々のもっている知識や情報をデータベース化し，それを相互に利用し，さらにビジネスとして構築していこうというのが基本的な方向性である。

　Web 2.0 を支えるものとして，Ajax, マッシュアップ, API, RSS, CMS, XML などの新しいインターネットの技術も開発されている。このような新しいインターネットの利用方法は，世界中に急速に広まっていて，それは，どの国でも利用されるようになっている。

　しかしながら，その利用の仕方，それから生み出されるものは，国や地域

---

1) Web 2.0 という言葉は，アメリカで出版や展示会のプロデュースなどを行なうオライリー・メディア社のティム・オライリーによって，2004‐5 年に考え出された。詳しくは，O'Reilly（2005）を参照してもらいたい。

によって，微妙な差異があるように思える。たとえば，アメリカでは，2001年の9.11事件のあと，この事件についての見解を個人が発表する場として，ブログが急速に普及していった。ブログは，誰でも作ることはできるが，ブログの管理やその内容については，ブログの管理者である個人が責任をもっている。

一方，日本において，もっとも代表的で，また「日本に固有なインターネット文化」だと呼べるのは，おそらく「2ちゃんねる」であろう。「2ちゃんねる」は，匿名の掲示板サイトであり，特定のテーマに関して，誰でも匿名で自由に自分の意見を書き込むことができる。その意味では大衆の知を総合するWeb 2.0的なメディアだと考えられるかもしれない。しかしながら，その書き込みには，差別的な言説，虚偽，誹謗，中傷があふれていて，しかも誰もその内容に責任を負っているわけではない。

もちろん日本でもブログはたくさん存在するし，アメリカにおいても，「2ちゃんねる」と類似のサイトは存在する。しかし，そこには，明らかに，インターネット文化の違いと呼べるものが存在しているように思える。では，この違いは，何によって，もたらされたものなのだろうか。

違いを「国民性」によって説明しようとする荒っぽい議論もないわけではないが，ブログで情報を発信するアメリカ人が「まじめ」で，「2ちゃんねる」の日本人が「ふまじめ」というわけではないだろう。「インターネット文化」の相違は，その国の経済状態，社会や文化の状況，さらにその国の過去の歴史などから説明できるのではないだろうか。

この章では，そのような「インターネット文化」に関する「直観」を頭に置きながら，「2ちゃんねる」が生み出した「作品」である『電車男』を分析することによって，日本のインターネット文化の固有性を考えていきたい。さらに，それが，どのような要因によって生み出されたのかを，社会経済的な要因によって説明しようと試みる。また韓国や中国のインターネット文化と比較についても考察していきたい。

2 電車男とは何か

『電車男』[2]は，インターネット上の掲示板ウェブサイトである「2ちゃんねる」(http://www.2ch.net/) のスレッド (「板」, 特定のトピックについての掲示板) への書き込みを抜き出して，小説仕立てにしたものである。2004年10月に出版されてから，2か月で50万部以上を売り上げるベストセラーとなった。したがって，中野独人は，この書物の著者ではない。「中の人」(久保田康) という人物が，「2ちゃんねる」のスレッドへの書き込みを編集して，読みやすいようにまとめて，それをアップしているサイト (まとめサイト)「男達が後ろから撃たれるスレ　衛生兵を呼べ」[3]を運営しているのだが，そのダイジェスト版を出版したものである。

電車男の「ストーリー」は，つぎのようなものである。「秋葉系 (秋葉原に通うオタク系)」の1人の男 (電車男) は，ある日 (2004年3月14日)，電車のなかで酔っ払った老人にからまれている美しい女性 (エルメス) を助ける。女性と警察に行き，事情聴取を受けるが，女性に感謝され，住所と電話番号を聞かれる。電車男は，その経緯を「2ちゃんねる」の「彼女のいない独身男」のためのスレッドに書き込む。書き込みはつぎのように行なわれた。

```
740 名前：731　投稿日：04/03/14 21：38
>> 739
上手く書けないけど
ちょっと書いてみる。
ロムってたばかりの俺だからさ…
笑わないでくれよ…
749 名前：731　投稿日：04/03/14 21：55
```

---

2)　中野 (2004)
3)　http://www.geocities.co.jp/Milkyway-Aquarius/7075/trainman.html

今日は秋葉に行ってきた。特に買う物無かったんだけど
帰りの電車の車中で酔っ払いの爺さんがいた。
その車両には座席の端で座ってる俺と爺さん以外は殆ど女性。
20代～40代くらいかな。

その爺さんが，周りの女性客達に絡み始めた。
最初に若い女性に絡んだんだが，その人はすごい気が強くて
爺さんを一喝して次の駅でさっさと降りていった。
その時，俺は迷惑な奴だなぁとチラチラ様子を見てた。

爺さんは次に俺の座っている座席に来て，真ん中らへんに
座ってるおばさん数人に絡み始める。
「携帯使ったらただじゃおかねーぞ」
みたいなこと言ってビビらせてたと思う。
おばさん達は(´・ω・`)←こんな感じで押し黙ってしまった。

なんか長くなりそう。

　ただし，ここで「ロムってた」は，「読んでいた」の意味である。電車男は，当初，「名前：731」としていたが，後に，他の書き込みと区別しやすいように，「名前：電車男」と名乗るようになる。3月16日に，電車男のところへ，助けた美しい女性から御礼としてエルメス製のティーカップが届く。

　　623 名前：731こと電車男　投稿日：04/03/16 19：43
　　どもです。向こうのスレから誘導されてきました

　　今さっき，宅急便で若い方の女性からお礼の品と手紙が届きました。
　　品はティーカップでした。手紙の内容はお礼でした。
　　「あの時，隣に座っていた者です」とあったので確定します。

可愛らしい封筒＆便箋＆字ですよ！ (;゚∀゚)=3ﾑｯﾊｰ!!!
なんかいい匂いもするような気がする (;´Д`)'ｧ'ｧ
ダメだなんか顔熱くなってきた。もちつけ俺。
624 名前：Mr.名無しさん　投稿日：04/03/16 19：45
>>623
もちつけ，匂いは錯覚だw
今後につながるような内容の文章なの？
625 名前：Mr.名無しさん　投稿日：04/03/16 19：45
>>623
卓球瓶ってことは電話番号もゲｯﾂ？
628 名前：731 こと電車男　投稿日：04/03/16 19：52
>>624
今後に繋がるというと…
一文を引用すると
「あなたの勇気にはとても感動させられました。」
これくらいですか…

>>625
伝票に書いてある… ((((;゚д゚)))ｱﾜｱﾜｱﾜ
629 名前：Mr.名無しさん　投稿日：04/03/16 19:52

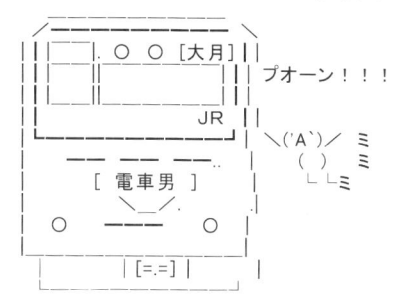

　女性とつきあったことのない電車男は，彼女に対して，どのように連絡するべきなのかを悩むのだが，スレッドの「住人」（スレッドに書き込みをし

ている人）は，電車男に，彼女（エルメス）に電話をするように勧める。電車男は，勇気をふりしぼって電話をし，そして彼女との交際がはじまる。交際の過程で，電車男は，エルメスと食事に行くレストラン，自分が着ていく服，彼女への告白の時期や方法などについて，スレッドでアドバイスを求め，そのアドバイスを参考にして，彼女との交際を進めていく。たとえば，レストランについては，つぎのようなアドバイスを受けている。

614 名前：731 こと電車男　投稿日：04/03/17 23：00
　　めしどこか　たのむ
616 名前：Mr.名無しさん　投稿日：04/03/17 23:01
　　キタ——♪ o(°∀°o) (o°∀°o) (o°∀°)o キタ——♪
662 名前：Mr.名無しさん 投稿日：04/03/17 23:04
　　コレ系無難だと思うけど。
　　月の雫は女子人気高いと思うがいかがか。

　　ttp://www.sankofoods.com/shop.html
686 名前：Mr.名無しさん 投稿日：04/03/17 23:08
　　女子ｲｹｰﾝ

　　あんまゴッツイとこだとヒクし，その後の展開に無理が生じると思いﾏｰｽ
　　酒も食事も割といけて，高すぎず安すぎず，気張りすぎず抜けすぎず，というつまりはまあブナンな方向がいいと思いﾏｰｽ
690 名前：Mr.名無しさん　投稿日：04/03/17 23:08
　　>> 683
　　イタ飯でもフレンチでもいいじゃんか
　　ネットで探せばいくらでもあるだろ
　　会社でもてそうな男に聞くとか，
　　地元系の掲示板行って聞いてみるとか

>　秋葉系なら秋葉系らしく電子箱駆使しる！
> 691 名前：Mr.名無しさん　投稿日：04/03/17 23:08
>　　http://www.diamond-dining.com/atcafe/index.html
>　ここことか
>　小洒落てるよ

　このようにして交際が進み，2004年5月8日に彼女とデートし，彼女を好きであることを告白し，彼女とはじめてのキスをする。帰宅した後に，スレッドにそのことを書き込み，住人の暖かい祝福を受けたところで，この「ストーリー」は終わっている。このように，交際の過程を電車男がスレッドに書き込み，それに対して，住人がアドバイスを与えるという2か月間のスレッドへの書き込みをまとめたものが「小説」『電車男』である。

　電車男は，その後，2005年6月に映画版が公開され興業収入37億円を達成し，2005年7月7日からはテレビ版が放送され，関東で平均視聴率21.0％という高視聴率を記録した。さらに舞台化もされた[4]。

3　電車男と2ちゃんねるについての評価

　この電車男のヒットをどのように評価すべきなのだろうか。一般的評価は，「女性とつきあったことがなかったオタク系の青年が，インターネットを通して，みんなの助けを借りて，彼女をつくることができた」という肯定的なものだろうか。それによって，コミュニケーションのメディアとしてのインターネットの素晴らしさを評価する声もある。また，これを現代的な「純愛物語」と考える人も多い。

　さらにつぎのような要素も，この「ストーリー」に対して，これまでの小説とは違う「現代性」を付加している。まず，リアルタイムで進行している

---

[4]　映画は，村上正典監督，電車男に山田孝之，エルメスに中谷美紀の配役で2005年6月に公開された。テレビ版は，CX系で2005年7月から放送され，電車男は伊藤淳史，エルメスは伊東美咲であった。舞台は，2005年8月から公演が行なわれ，電車男は武田真治，エルメスは優香が声だけの出演となった。

「ドラマ」に、インターネットを媒介として多くの人が参加している点である。しかも、「ドラマ」の「主人公」は、俳優や特別の人間ではなく、自分とあまり水準の違わない人間であり、親近感もあるだろう。さらに、乙（おつかれさま）、漏れ（おれ）、毒男（独身男）などのネット用語の使用や、MSP ゴシックのフォントを使った絵である AA（アスキーアート）なども、これまでの小説にはない、新しくて現代的な要素だと考えられる。『電車男』は、「まとめサイト」などでも自由に読むことができるわけだから、本が売れたのは、ネットを頻繁に利用する人以外の人々に、このような要素が肯定的に評価されたためであろう。

しかし、少し考えてみると、この『電車男』には、多くの問題点が存在することがわかる。1 つ目の問題は、まずこれが、事実なのかフィクション（「ネタ」）なのかということである。電車男は、事実として、スレッドに書き込みを行なっているが、どこまでが事実で、どこまでがフィクションなのかは、まったく不明である。スレッドの「住人」にしても、電車男の書き込みをどこまで事実と考えてアドバイスを送っているのかはよくわからない。もし、これが小説であれば、事実かフィクションであるかは、問題にはならないだろうが、『電車男』もスレッドへの書き込みも事実として扱われている[5]。この点については、ネット上でも多くの論争があり、真偽は不明であるが、個人的な感想を述べれば、電車男の書き込みは、22 歳の「秋葉系オタク」の書く文章としては、うますぎると言えるだろう。私には、もう少し年齢が上の文章を書くのに慣れた男性が 22 歳を装って書いているように思えた。

つぎに、もし、これが事実だとしたら、電車男のやっていることは、かなり、大胆なことである。電車男は自分がエルメスと交際している過程をすべてインターネットで公開している。さらに、実は、小説『電車男』は、エルメスとキスをするところで終わっているのだが、電車男は、別のスレッド（終着駅）[6]に、その後のエルメスとのセックスについても記述している。

---

5) この点で、以前、話題になった「一杯のかけそば」との類似性を指摘する議論もある。

6) http://www.geocities.jp/outer797/1084787537.html

357：電車男　◆4 aP 0 TtW 4 HU　：04/05/17 21：41
　　中に手を滑り込ませる。それは柔らかくて，暖かくて，すべすべだった。
　　中心には固い感触がある。
　　「大丈夫？」
　　俺は念の為聞いてみる。無言で頷いてくれた。
　　意を決して手を動かす。彼女の体が少し跳ねた。
　　今俺の手で彼女が身悶えをしているという事実で興奮が高まっていく。
　　自然と手の動きが強くなっていく。もう触っているだけじゃ
　　我慢出来ないと思った。前の座席を一番前までスライドさせて
　　彼女の前に跨る体勢になり，彼女の服をたくし上げようとしたが止められた。
　　「目瞑って」
　　と一言。俺は言う通りに目を伏せる。手探りに探して見付ける。
　　そこへそっと唇を近づける。彼女の体温をすごく感じた。
　　そして，その先端にそっと触れると，唇でそっと挟んだ。
　　「んっ」
　　と彼女が少し反り返る。その反応の瞬間に完全に昂ぶりが収まらなくなったんだろう。
　　強く舌で舐めたり，吸い上げたりすると彼女は高い声を上げた。

　この電車男の書き込みに対しては，住人が，電車男の「暴走」を止め，電車男もそれに従うというかたちで，何とか「純愛」の枠には収まっているのかもしれない。しかし，どこまでが「純愛」で，どこから先が「暴走」なのだろうか。この点については，高橋源一郎も『朝日新聞』の書評でつぎのように書いている。

　　『電車男』は，正確には，3月14日から5月17日にかけての「物語」だ。しかし，この本は，掲示板に掲載された最後の日を素知らぬ顔で削

除し,その前日までで完結させている。なぜなら,ネット上の「電車男」は「大団円」の後になってもなお登場し,「エルメス」との性交寸前の行為を書きこむ。それまで応援していた住人たちは,戸惑いを隠せず,そんなことは止(や)めろと忠告する。だが,暴走しはじめた「電車男」は,それを無視するのである。なぜだ？ 住人たちを騙(だま)し果せたことで,凱歌(がいか)をあげたくなったのか？ それとも,いつの間にか,掲示板上で拍手を浴びることが,彼の目的となっていたからか？ 不可解なミステリーになるはずの「5月17日」を消し去ることで,この作品は,見事に「純愛」の顔つきをすることに成功している。(高橋 2004)

また,この『電車男』は,スレッドの書き込みすべてを収録したものではない。安藤健二によれば,すべての書き込みのうち6.4％しか収録されていない(安藤 2005)。したがって,電車男の発言に批判的な書き込みなどがすべて削除され,「中の人」によって,「純愛仕立て」に編集されたものが『電車男』である。

さらに,著作権の問題も存在する。「2ちゃんねる」の投稿は,つぎのように扱うと,管理者の「ひろゆき」氏は,書いている。

投稿確認
- 投稿者は,投稿に関して発生する責任が全て投稿者に帰すことを承諾します。
- 投稿者は,話題と無関係な広告の投稿に関して,相応の費用を支払うことを承諾します
- 投稿者は,投稿された内容について,掲示板運営者がコピー,保存,引用,転載等の利用することを無償で許諾します。
- 投稿者は,著作権(著作権法第21条ないし第28条に規定される権利)は,無償で掲示板運営者に帰属することを承諾します。また,掲示板運営者に対して,著作者人格権を一切行使しないことを承諾します。

・投稿者は，掲示板運営者が指定する第三者に対して，著作物の利用許諾を一切しないことを承諾します。

　この「確認」にしたがえば，書き込みをした人の著作権は生じなくなる。しかし，これが契約として有効かは，その周知の方法や契約内容からみても疑問である。おそらく，「2ちゃんねる」と書き込みを編集した「中の人」氏には印税が支払われているのだろうが，電車男や他の住人に対してはどうなのだろうか。実際，電車男に関するウェブのなかには，「電車男とは中の人氏であり，氏が新潮社，2ちゃんねると組んで，この『電車男』の出版を仕組んだ」とする主張もある。

　しかし，より本質的な問題は別のところにあるのではないだろうか。多くの論者は，『電車男』それ自体について議論を行なっているが，より重要なのは，『電車男』を生み出した（あるいは『電車男』しか生み出せない）日本のインターネット文化と日本の政治・社会・文化状況にあるのではないだろうか。

4　追い詰められていく若者——日本の経済・社会状況

　この問題について考えるために，少し視点を転じて，最近の日本の経済・社会状況をみてみよう。バブル経済が崩壊した後の日本経済は，依然として停滞から完全に脱出できずに苦しんでいる。日本の名目GDPは，**表1**のように1998年から2003年まで，−2.0，−1.4，1.1，−1.0，−1.3，−0.2％と，ほぼ毎年のように，マイナスを記録した。物価がそれ以上に下落しているため，実質GDPは，1998年と99年をのぞいて上昇しているが，多くの人々にとって生活が向上しているという実感は乏しい[7]。

　同時に，これまでの系列取引，終身雇用制，年功序列などの日本的経営が衰退し，市場と競争メカニズムが支配的になっていくなかで，日本の所得格差は年々拡大している。**表2**は，OECD各国の貧困率を比較したものであ

---

7)　内閣府 (http://www.esri.cao.go.jp/jp/sna/qe 074-2/gdemenuja.html)

表1　日本の名目GDP成長率と実質GDP成長率

	名目GDP成長率	実質GDP成長率
1995	1.4	2.0
1996	2.2	2.7
1997	2.2	1.6
1998	－2.0	－2.0
1999	－1.4	－0.1
2000	1.1	2.9
2001	－1.0	0.2
2002	－1.3	0.3
2003	－0.2	1.4
2004	1.6	2.7
2005	0.7	1.9
2006	1.4	2.4
2007	1.3	2.1

出所：内閣府「平成12暦年連鎖価格GDP需要項目別時系列表」

表2　OECD各国の貧困率

		1980s	1990s	2000			980s	1990s	2000
1	メキシコ	20.7	21.7	20.3	15	オーストリア	6.1	7.4	9.3
2	アメリカ	17.9	16.7	17.1	16	ハンガリー	n.a.	7.4	8.2
3	トルコ	16.4	16.2	15.9	17	フランス	8.0	7.5	7.0
4	アイルランド	10.6	11.0	15.4	18	スイス	n.a.	8.6	6.7
5	日本	11.9	13.7	15.3	19	フィンランド	5.1	4.9	6.4
6	ポルトガル	n.a.	14.6	13.7	20	ノルウェイ	6.9	8.0	6.3
7	ギリシャ	13.4	13.9	13.5	21	オランダ	3.1	6.3	6.0
8	イタリア	10.3	14.2	12.9	22	ルクセンブルグ	5.4	5.5	5.5
9	イギリス	6.9	10.9	11.4	23	スウェーデン	6.0	3.7	5.3
10	オーストラリア	12.2	9.3	11.2	24	デンマーク	5.3	3.8	4.3
11	ニュージーランド	5.8	7.8	10.4	25	チェコ	n.a.	4.3	4.3
12	カナダ	11.6	9.5	10.3	26	スペイン	13.8	11.5	n.a.
13	ポーランド	n.a.	9.9	9.8	27	ベルギー	10.5	7.8	n.a.
14	ドイツ	6.4	9.1	9.8					
						OECD25	9.8	10.2	

出所：OECD, *Society at a Glance: OECD Social Indicators-2005 Edition.*

表3 各国のジニ係数の推移

		1980s	1990s	2000			1980s	1990s	2000
1	メキシコ	45.1	52.0	48.0	14	ハンガリー		29.4	29.3
2	トルコ	43.5	49.1	43.9	15	ドイツ	26.5	28.0	27.7
3	ポーランド		38.9	36.7	16	フランス	27.6	27.8	27.3
4	アメリカ	33.8	36.1	35.7	17	スイス		29.1	26.7
5	ポルトガル		35.9	35.6	18	ノルウェイ	23.4	25.6	26.1
6	イタリア	30.6	34.8	34.7	19	フィンランド	20.7	22.8	26.1
7	ギリシャ	33.6	33.6	34.5	20	ルクセンブルグ	24.7	25.9	26.1
8	ニュージーランド	27.0	33.1	33.7	21	チェコ		25.7	26.0
9	イギリス	28.6	31.2	32.6	22	オーストリア	23.6	23.8	25.2
10	日本	27.8	29.5	31.4	23	オランダ	23.4	25.5	25.1
11	オーストラリア	31.2	30.5	30.5	24	スウェーデン	21.6	21.1	24.3
12	アイルランド	33.1	32.4	30.4	25	デンマーク	22.8	21.3	22.5
13	カナダ	29.0	28.3	30.1					
	中国		(2001)	44.7	OECD20		28.9	30.6	30.8
	韓国		(1998)	31.6	OECD25			30.9	30.8

出所:OECD, *Society at a Glance: OECD Social Indicators-2005 Edition.* ただし,OECDにはいっていない中国と韓国については世界銀行のWDIデータベースより。

るが,2000年の日本の貧困率は,15.3％で,先進国のうち,第5位であることがわかる。しかも,貧困率は1980年代から90年代,2000年と急速に上昇している[8]。

同様に,所得分配の不平等の尺度であるジニ係数[9]も**表3**のように,急速に上昇し,OECD諸国中,第10位になっている。

さらに,OECDが最近発表した報告書「日本における所得の不平等,貧困,社会的支出」によると,**表4**のように,可処分所得による貧困率は,アメリカの13.7について第2位で13.5になっている(ただし,このデータには,メキシコ,アイルランド,トルコは含まれていない)。さらにこの表で

---

8) 貧困率とは,個人所得のメディアン(中央値)の50％より低い可処分所得の個人が全人口に占める比率である。

9) ジニ係数が0なら,すべての人の所得が同じ「平等な」社会である。逆にジニ係数が1のときは,1人の人だけが所得を独占している。ジニ係数が高いほど,所得分配の「不平等」が大きいと考えられる。

表4 OECD諸国の貧困率（2000年）

	所得における貧困率	税金・補助金による貧困率の減少	可処分所得による貧困率
チェコ	19.5	15.7	3.8
デンマーク	18.5	13.5	5.0
スウェーデン	16.2	11.0	5.1
オランダ	14.9	9.0	5.9
フランス	24.1	18.1	6.0
ノルウェー	14.5	8.5	6.0
フィンランド	15.3	8.8	6.4
ドイツ	20.5	12.5	8.0
オーストリア	20.5	11.9	8.6
イギリス	19.9	11.2	8.7
ニュージーランド	18.3	8.8	9.5
ポルトガル	15.7	6.1	9.6
カナダ	16.0	5.7	10.3
イタリア	21.8	10.3	11.5
アイルランド	18.8	6.9	11.9
日本	**16.5**	**3.0**	**13.5**
アメリカ	18.0	4.3	13.7

出所：Jones 2007, p. 21.

注目すべきなのは，日本は所得による貧困率では，それほど順位が低くないことである。他の国，たとえば，チェコ，デンマーク，フランスなどは所得における貧困率では，日本を上回っているが，税金や補助金によって貧困率は引き下げられ，可処分所得による貧困率では，チェコは3.8，デンマークは5.0，フランスは6.0と日本よりはるかに低い数字になっている。このように日本では，貧困層に対して，それを補助する政策は十分に行なわれず，日本の貧困層は，政府からも見捨てられた存在になっている。

　雇用形態も年功序列・終身雇用という，かつての日本的経営は完全に崩壊し，アルバイトや契約社員が普通になり，「実力主義」のアメリカ型の経済に近づいている。**表5**は非正規雇用労働者の比率を1984年から2008年2月

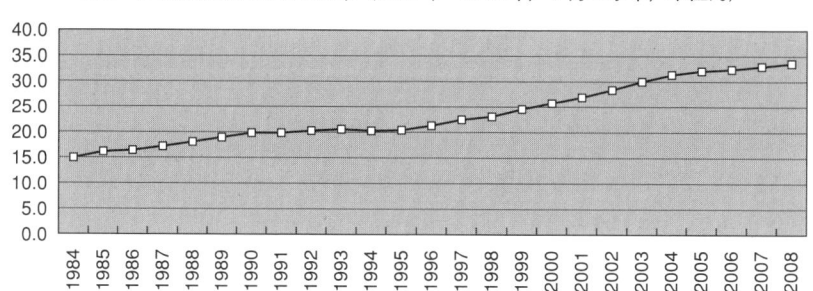

表5 非正規雇用労働者の比率（1984年-2008年，2月の水準，単位%）

出所：労働力調査「雇用形態別雇用者数」

までグラフ化したものであるが，1984年の15.3％から2008年1-3月には，33.7％まで増加している。またこの表には示していないが，25歳から34歳という年齢層を取り出してみると，1988年に10.7％だったものが，2007年の平均では実に25.8％に達している。

このような雇用形態の変化は年収の格差に直結している。**表6**は，2007年について，正規と非正規の雇用形態別の年収を比較したものである。男性では，正規雇用の場合は「500万円以上」が41.42％になっているのに対し，非正規では年収が「199万円以下」が57.1％と過半数を占めている。

社会学者で，日本の所得格差を分析している橋本健二は，このような日本の現状について，統計データを使って詳細に分析し，日本に「新しい階級社会」が形成され，そのなかで，「新しい階級闘争」が出現していると考えている[10]。

国全体の名目所得は増加せず，所得格差は拡大し，多くの人が正規の雇用に就けず，年収200万円以下という低所得に苦しんでいるときに，人々はどのように感じ，どのように行動しようとするのだろうか。貧困層にとって合理的な選択は，このような状況を招いた政府の経済政策を批判し，より所得格差を縮小させるような「社会主義的」政策をとる政治勢力を支持することだろう。ところが現実にはそうなってはいない。追い詰められた若い世代は，むしろそのように追い詰めた政府や市場原理主義的な政策を支持し，愛国心

---

10) たとえば橋本（2007）などを参照していただきたい。

表6　雇用形態別の年収

	実数（サンプル数）								割合（％）		
	雇用者	役員を除く雇用者	正規	非正規					役員を除く雇用者	正規	非正規
				総数	パート・アルバイト	派遣	契約嘱託	その他			
総数	3232	2941	2402	538	255	53	161	69	—	—	—
100万円未満	176	170	27	144	113	7	11	13	5.9	1.2	27.5
100〜199万円	304	290	134	155	89	15	37	14	10.1	5.7	29.6
200〜299万円	477	456	347	109	31	17	48	13	15.9	14.8	20.8
300〜399万円	551	516	459	58	10	9	31	8	18.0	19.6	11.1
400〜499万円	471	436	409	26	4	2	14	6	15.2	17.4	5.0
500〜699万円	570	512	494	18	2	1	10	5	17.8	21.1	3.4
700〜999万円	426	374	363	11	1	1	4	5	13.0	15.5	2.1
1000〜1499万円	136	100	97	2	0	0	1	1	3.5	4.1	0.4
1500万円以上	39	17	16	1	0	—	1	0	0.6	0.7	0.2

出所：厚生労働省「仕事からの年収」

の高揚や外国人排斥を主張する右翼的な方向に向かっているように見える。それはなぜなのだろうか。

5　仮想共同体としての2ちゃんねる

　若者や貧困層を追い詰めているのは経済面だけではない。現在の日本では，村や家（親戚も含む）といった共同体は，ほとんど崩壊している。また会社や地域，学校も以前のような共同体の機能を果たしてくれない。これらの共同体は，新しいことを行なおうとするときには，しばしば足枷（制約）となってきた。それが崩壊したことは，ある面では好ましいことである。しかし，そのような共同体は，同時に外部の圧力から個人を守ってくれる居心地のいい「家」，防波堤であったことも確かである。共同体から切り離され，自由に生きなければいけないことは，実はかなり厳しいことである。また今日では，かつては存在した様々な規範もほとんど規範としての役割を果たしていない。ようするに，好きなように生きればいいのだ。しかし，好きなように生きるためには，知識，能力，強い意志が必要である。人は知識や能力，意

志をどのように獲得していけばいいのだろうか。またすべての人がそれを獲得できるのだろうか。

このような状況に耐えられない人々の多くは，別の擬制的な共同体（「共同幻想」）に逃げ込むようになっている。それは，たとえば，カルト的な宗教であったり，自己啓発セミナーであったりするかもしれない。また「ぷち右翼的」な幻想を共有することによって，安心感を得ることができるのかもしれない。

しかし，なぜ，「市場原理主義に対する抵抗」などの合理的な行動や，左翼的な運動ではなく，カルト，ニューエイジ，「ぷち右翼」なのだろうか。これは，経済学などの合理性を基準として人間の行動を分析しようとする社会科学には，分析が不可能かあるいは非常にむずかしい現象である。また，このような状況は，哲学，現代思想，経済学，政治学といった現代社会を批判的に分析しようとする諸科学の「不人気」ぶりとも，密接に関係しているように思える。現代の人々，とりわけ若い世代は，社会状況を客観的に分析し，その分析を通して自分の意思決定を行なうよりは，自分が「今」，いかにして救われるのか，あるいは現実の問題からいかに逃避できるのかをより重視しているようである。そして，そのことは，心理学の「人気」や，「社会の変化の精神症との類似性」に着目する分析が多くの論者によって発表されるようになったこととも重なっている。

この点について，ラカン派の精神分析を現代の社会や主体の分析に応用しようとする社会学者，樫村愛子は，つぎのように述べている[11]。

> 「心理学化」とは，社会のすべてが心理学用語で言及されていく現象を指している。
> ……心理学化は，こうして，一方では，強力な再帰化の道具として，種々の物語や文化（それらは不透明性をもつものだから）を解体してい

---

11) ラカン派の精神分析によって社会問題やポップカルチャーを分析する代表的な哲学者としては，スロヴェニア出身のスラヴォイ・ジジェクがいる。ジジェクの文化，社会問題の分析については，たとえばジジェク（2001）などがある。

くが，他方では，物語や文化として神話化して，再帰化をストップさせるツールになる。(樫村 2007, 234 頁)

　ここで「再帰化」とは，イギリスの社会学者アンソニー・ギデンズによって提唱された概念で，「自分を客観的に分析することによってアイデンティティを再構築する」といった意味である。つまり，心理学の分析能力，その特性が，個人の精神的・心理的に困難な，追い詰められた状況をメタレベルから分析することを可能にし，それが心理学の必要性，特権性を強化していくのだが，同時に，心理学によって自己を肯定的に解釈し，それ以上の，とりわけ社会制度や経済システムの分析を行なわない理由になっているということである。
　もちろんこのような状況が，生まれてきたのは，心理学の発展によるものというわけではなく，社会や個人が，そのような状況に追い詰められているからであり，それが心理学を「流行」させ，心理学的な自己の正当化が，社会を心理学によって分析することの適合性を高めるという，スパイラル構造が生じているためだろう。
　とはいえ，いずれにしても，心理学や精神分析による社会分析が最近，説得力をもつようになっていることは確かである。たとえば，香山リカは，『ぷちナショナリズム症候群』のなかで，若い世代に広がるナショナリスティックな傾向を，ジジェクや樫村と同じように，精神分析によって説明しようとする。香山は，競争社会のなかでストレスに直面している若い世代は，そのストレスから逃れるために，本来は精神症の症状である「分裂（スプリッティング）」や「切り離し」に似た心理的な状態を示していると考える。「分裂」とは，個人が，感情状態を相反する二つの領域にはっきり分断することによって，葛藤やストレスに対処することであるが，それと同様に，多くの若者が，「右」か「左」，「大好き」か「大嫌い」という極端な評価しかできなくなっていて，それは，「日本大好き」「中国は嫌い」といった単純で極端なナショナリズムの主張につながっているとする。また「切り離し」とは，「つらい体験をしたとき，それを人格に取り込むことなく切り離すこと」であるが，コンプレックスや心のなかの葛藤を簡単に外部に切り捨てた結果，

父親を抵抗無く賞賛する「エディプス・コンプレックスの消失」が生じたり，権力や秩序，伝統といったものに対する無批判的な容認，評価につながっていると考える。また，香山も，ラカンの「鏡像段階」（人間が幼児のときに鏡のなかの自分に自己同一化することによって自我を形成していく）の議論を使って，「他者のなかに自分を見ようとする」人々が，同一化する対象を，テレビなどのメディアに頻繁に登場するタレントに求めることを指摘し，そのことに，ナショナリズムの要因を求めている。

また樫村愛子も，つぎのように述べている。

> 私の最近の議論では，私の若者論に対する，若者からの評価が高いんですけれども，これも，彼らのコミュニケーション空間を，バラエティーやお笑い番組のノリを模倣したナルシスティックな排外的コミュニケーションとしてだけ見ていると，彼らの生活空間の内的論理を見失うんです。つまり，自慢しないこととか，お笑いで自分や他者を叩く水平的同化と同時に，自分と他人の承認願望に対する言及という知的ゲームが彼らの共同性を維持していて，後者の知的ゲームのなかで，他者への興味もぎりぎり維持されているという彼らの固有のあり方を見失ってします。それは彼らの限られたリソースのなかではぎりぎりの生きる戦略なんですよね。彼らにとっての幻想や，そこにおける他者の固有性と必要性を，評価する必要があるわけです。（白石・大野 2005, 118頁）

「2ちゃんねる」は，カルトでも自己啓発セミナーでもないが，やはりある種の仮想共同体だと考えられる。「電車男」がはじめて書き込みを行なったスレッドは，「彼女のいない独身男性が，彼女ができた話によって打ちのめされる」自虐的なスレッドである。そこで，住人は，お互いを慰めあい，自分たちの存在を肯定している。ただし，オタクといっても，実は自分たちの「個性」を積極的に主張しているわけではない。

電車男に送られるアドバイスも，「普通に彼女とつきあう方法」であり，その基準はまったく世間の標準的なものである。オタク系男性にとって理想の女性として描かれるエルメスは，良家のお嬢様で，仕事や政治などについ

ての主張は何ひとつなく，恋愛については電車男をうまくリードしてくれる「不思議な存在」である。このような女性が現実にいるのだろうか？　また，それは理想的な存在なのだろうか？

　競争社会（ネオリベ社会）を批判する矢部史郎は，この点について，つぎのように厳しく批判している。

> ……問題設定は貧しいほどにシンプルだ。オタク×，童貞×，恋人○，勇気○。アドバイスは凡庸で平板なものになる。個別性よりも一般性が優位にたち，世間意識と道徳が幅をきかせる。そうして掲示板の労働集団は，けなげな電車男を女が承認すること，女が過大な要求をしないことを願い期待するようになる。彼らの獲得目標は，気持ちの悪い男を素敵な男にすっかり改造して女に差し出すことではない。彼らが目指すのは，誰にも相手にされない不具の者を，なによりもその不具性を，ひとりの女におしつけ承認させることである。
> 　不具の者を，いかにして，女に引き受けさせるか。
> 　この残酷な要求と冒険が，人々を興奮の渦にたたきこむというわけだ。しかも美談として。まったく度し難い性差別主義である。
> 　電車男のあつかましさは明白である。極端に自己評価の低い男がどうして女に愛されたいと思うのか。自分が評価できないものを，なぜ他人に勧められるのか。女はゴミ箱ではない。出来損ないをいちいち持ってくるなというのだ。(矢部・山の手 2006, 95頁)

　結局，閉塞的な状況にある日本の経済・社会に暮らす若い世代は，経済的にも心理的にも追い詰められていて，現状を肯定しながら，小さくなって生きている。そして，「２ちゃんねる」という仮想共同体のスレッドのなかで，「幻想」を共同化している。そのような状況を象徴するものが『電車男』だと言えるのではないだろうか。そして，それに共感する人々が多数存在するということが，現代の日本社会の困難な状況を示している。

6　インターネット文化の国際比較

　韓国では，盧武鉉(ノ・ムヒョン)が大統領に当選したときに，「オーマイニュース」(hpp://ohmynews.com) などのインターネット・メディアが，保守的なジャーナリズムを批判し，新しい行動を起こすために積極的な役割を果たした。その背景として，玄武岩は，(1)新聞などの韓国の既存マスメディアの保守性，(2)過去の軍事独裁政権に抵抗する市民運動の歴史とそれが現在でも力をもっていること，(3)金大中政権などによるITインフラの整備，(4)保守的な既存メディアに対する「オーマイニュース」などの新しいインターネット・メディアの出現，などを指摘している（玄 2005）。

　中国でも，「反日運動」を組織するためにインターネットが使われ，大規模なデモが発生した。このような使われ方の是非はともかく，政治を動かすような積極的な役割をインターネットが果たしていることは確かである。

　一方，日本では，2ちゃんねるなどへの参加者の政治的な立場は，全体としては「ぷち右翼」的である。その行動も，せいぜい「あいつは嫌いだからやっつけろ」といった自警団的なものである。私も，「竹島が日本の領土であるという主張には無理がある」「日本の国益ではなく，個人の利益を考えろ！」と大学の講義のなかで発言したところ，早速，「2ちゃんねる」の大学関係のスレッドで，「高増は「在日！」」と批判された。小泉元首相が率いる自民党が大勝した2005年9月の総選挙でも，若い世代は，今の社会の流れを肯定し，そのなかで，自分が批判されないように行動しようとしているようにみえる。それは，保守化，右傾化というよりも，縮んでいく経済，社会のなかで，身を小さくして，小さな共同体に籠ろうとしているようだ。

　日本でも学生が積極的に政治運動に参加し，政治・文化状況を牽引していこうとしたのは，高度成長期であった1960年代であった。中国や韓国でインターネットがポジティブな意味をもっているとしたら，それはインターネットというメディアのもつ性格なのではなく，中国や韓国の政治・社会・経済の状況が，インターネットにそのような方向性を与えていると言えるのではないだろうか。

同じことは，ヨーロッパとの比較でも言えるかもしれない。フランスなどで，「グローバリゼーション」「格差社会」に反対する若者を巻き込んだ大規模な左翼的な運動が組織されているのは，追い詰められた層の受け皿として，そのような運動が準備されているからであろう。それが，学生運動も労働運動も市民運動も，ほとんど存在しない日本との相違なのだろう。
　しかし，それにしても，どうして日本において，これほどまでに左翼的な運動が消滅し，哲学，現代思想，経済学などの社会を分析する学問が顧みられなくなってきたのだろうか。「インターネット文化」の国・地域による差異性を考えるためには，この問題の分析が決定的に重要になるのだろう。

7　おわりに

　この章では，「2ちゃんねる」が生み出した「作品」である『電車男』を通して，日本の「インターネット文化」の問題点を考えてきた。1990年代以降の日本は，所得格差が拡大し，正規雇用に就けない若者が貧困のなかで追い詰められている。追い詰められた若者は，本来は，追い詰めた政府とその政策を批判すべきであるが，実際には，逆に，そうした状況を肯定して，それを支持するとともに，「ぷち右翼的」な「幻想」の共同体である「2ちゃんねる」などの擬制共同体に逃げ込んでいる。そのような状況から生まれた「作品」が『電車男』なのであり，『電車男』という作品を議論するよりも，むしろ，その背景にある社会経済的な状況と追い詰められた若者がなぜそうした方向に向かうのかを考えていくことが必要であることを指摘してきた。
　市場原理主義的な政策の誤り，ナショナリズムの問題点を批判する仕事は多くの人々によって，すでに行なわれている。私自身も経済学のテキストのなかで，マネタリスト政策の問題を明らかにした[12]。しかし，問題なのは，それにもかかわらず，なぜ多くの人々が，自身にとって不利になるような政策，イデオロギーを支持するのかということだろう。この点については，ジ

---

12)　高増・竹治編（2004）を参照。

ジェクや樫村，香山などが，ラカンなどの精神分析理論を社会分析に適用することによって解明しようと試みていることを説明した。そのような分析が「正しいか」については，精神分析の全体についての評価，社会と個人の関係性に関わってくるので簡単ではないが，社会の変化を「精神症」との類似性によって説明しようとする研究が，より説得力をもったものになっているのは確かである。「インターネット文化」や「市民運動」などの各国の状況の違いをそのような理論が，うまく説明することができれば，理論の説明力はより高いものになっていくだろう。

残された大きな問題は，「精神症化した社会」の不安定な動きをどうすれば安定化させて，より「正しい」方向にコントロールすることができるのかということだろう。人権，エコロジー，フェミニズムなどについての最近の市民運動の「過激さ」は，かつてのように，市民運動を肯定し，その可能性を認めることを躊躇させるようになってきている。また，「ぷちナショナリズム」的な市民運動も最近は支持を集めている。

このようななかで，どのような運動にもっとも可能性があるのか，またどのような社会システムをデザインしていけばいいのかを考えていくことが重要だろう。

■参考文献
安藤健二 2005『封印された『電車男』』太田出版
中野独人 2004『電車男』新潮社
樫村愛子 2007『ネオリベラリズムの精神分析——なぜ伝統や文化が求められるのか』〈光文社新書〉光文社
香山リカ 2002『ぷちナショナリズム症候群——若者たちのニッポン主義』〈中公新書ラクレ〉中央公論新社
玄武岩 2005『韓国のデジタル・デモクラシー』〈集英社新書〉集英社
ジジェク，スラヴォイ 2001『汝の症候を楽しめ——ハリウッド vs ラカン』筑摩書房
白石嘉治・大野英士 2005『ネオリベ現代生活批判序説』新評論
高増明・竹治康公編 2004『経済学者に騙されないための経済学入門』ナカニシヤ出版
橋本健二 2007『新しい階級社会 新しい階級闘争』光文社

矢部史郎・山の手緑 2006『愛と暴力の現代思想』青土社
高橋源一郎 2004「朝日新聞書評」『朝日新聞』2004 年 11 月 28 日
Jones, Randal S. 2007 "Income Inequality, Poverty and Social Spending in Japan", OECD Economic Department Working Paper No. 556.
O'Reilly, Tim 2005 "What is Web 2.0: Design Patterns and Business Models for the Next Generation of Software". http://www.oreillynet.com/pub/a/oreilly/tim/news/2005/09/30/what-is-web-20.html（邦訳『Impress Mook WEB 2.0 への道』インプレス R&D，2006 年，所収）

第5章　韓国のデジタル権力

崔　鐘仁

1　はじめに――韓国のデジタル環境

　韓国のデジタル環境は，世界的な水準にある。超高速インターネットサービスが常に利用可能であり，通信市場は競争原理によって利用料金が安く維持されている。また情報技術産業における研究開発投資によって，IT競争力は世界水準に達している。これに韓国人の特性である躍動性，集団居住性，遊び文化などが接合され，デジタル環境は急速に発展している。**表2**と**表3**からもわかるように，韓国のインターネット利用率は61％で，アイスランドに次いで世界2位，アジアでは，シンガポール（50.9％），日本（48.3％），香港（47.2％）を上回って，圧倒的な第1位である。
　インターネット利用人口は3257万人で，全人口の71.9％（2005年9月基準）を占めている（**表1**）。年齢別では，30歳未満では97％が利用していて，30代は89.8％，40代は67.2％と非常に高くなっているが，50代は34.7％，60代以上は11％と低くなっている。一方，コンピュータ保有率は78.5％であり，コンピュータ保有者の中でインターネットを家庭で利用する人は93.6％にのぼる。携帯電話の加入者は3658万人（2005年8月）で，幼い子供を除いて，ほぼ全国民が使っている。携帯市場は，3つの通信会社，すなわちSKT(51％)，KTF(33％)，LGT(16％)が競争している[1]。

表1 韓国のインターネット利用者数と利用率

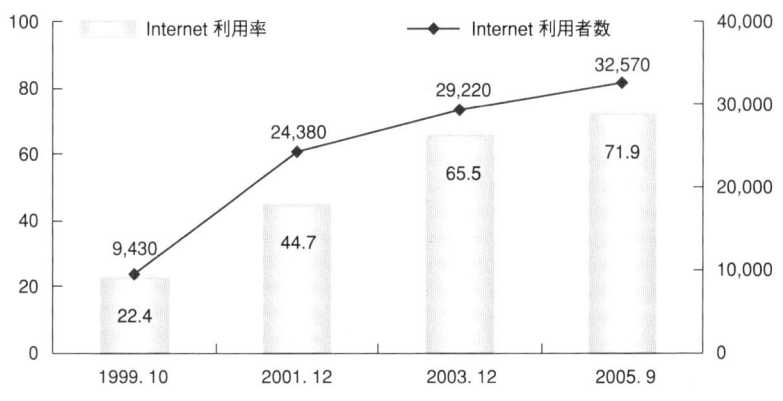

年月	Internet 利用率	Internet 利用者数
1999.10	22.4	9,430
2001.12	44.7	24,380
2003.12	65.5	29,220
2005.9	71.9	32,570

出所：韓國 Internet 研究振興院（http://isis.nic.or.kr）

表2 世界のインターネット利用率上位10か国

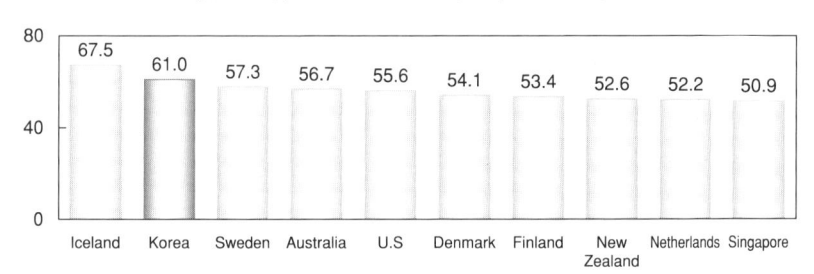

Iceland	Korea	Sweden	Australia	U.S	Denmark	Finland	New Zealand	Netherlands	Singapore
67.5	61.0	57.3	56.7	55.6	54.1	53.4	52.6	52.2	50.9

出所：ITU（International Telecommunication Union, 國際電氣通信聯合 http://www.itu.int); Yang (2005)

表3 アジアのインターネット利用率の上位10か国

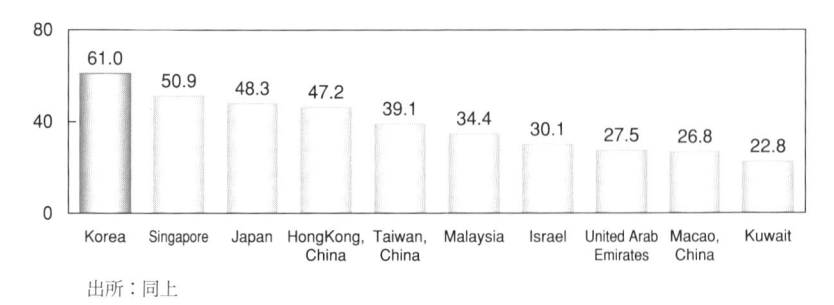

Korea	Singapore	Japan	HongKong, China	Taiwan, China	Malaysia	Israel	United Arab Emirates	Macao, China	Kuwait
61.0	50.9	48.3	47.2	39.1	34.4	30.1	27.5	26.8	22.8

出所：同上

表4 Ubiquitous-Korea 推進のための IT839 戦略

8 Service	3 Infrastructure	9 Growth Engine
1. WiBro Service -WiBro Commercial Service['06]	1. BcN -20Million Users fIxed['10]	1. Next-Generation Mobile Communications Device -3G Evolution Prototype['07]
2. DMB Service -Interactive Service['06]		2. Digital TV -Giga-level Cable Transmission/Reception System['07]
3. Home Network Service -10Million Home Network Serviced Housed['07]		3. Home Network Devices -Telecom & Broadcasting & Games Convergent home Server['07]
4. Telematics Service -Top Five Global Telematics Industries['07]	2. U-Sensor Network -the vision of u-life into reality['10]	4. IT SoC -Top Three Countries in IT SoC['07]
5. RFID based Service -Global Market Share 5%['07]		5. Next-Generation PC -Commercial Wearable PC['07]
6. W-CDMA Service -Nationwide W-CDMA Networks, Service Launch['06]		6. Embedded SW -Second Largest producer in Embedded SW['10]
7. Terrestrial DTV Service -Nationwide DTV Networks['05]		7. DC and SW Solution -Five Korean Companies in Top 100Global SW Companies['10]
8. Internet Telephony[VoIP] -WiBro Commercial Service['06]	3. IPv6 -Switch over to All IPv6['10]	8. Telematics Device -Reallstlc Image Service Technology['07]
		9. Intelligent Service Robot -Top Three Producers['07]

出所：韓国情報通信部（Ministry of Information and Communication）

　韓国政府は，ユビキタス・コーリア（Ubiquitous-Korea）の推進のために，IT839 戦略を樹立して「デジタル韓国の発展」の姿を提示している。すなわち，3大インフラ（BcN, U-Sensor Network, IPv 6），8大サービス（WiBro, DMB, Home Network, Telematics, RFID, W-CDMA, Terrestrial DTV, Internet Telephony（VoIP））の提供，そのために9種類の成長エンジンを表4のように開発するビジョンを提示し，産学連携と競争を誘発している。

---

1) http://www.mic.go.kr/

2 パノプティコンとデジタル権力

「すべて見られる」という意味を持ったパノプティコンは，ジェレミー・ベンサムが作り出した概念である。彼は監獄を設計するときに，囚人は看守を見ることができないが，看守は囚人を見られるようにした。すなわち，円形の監獄を作って，その中心の上で，囚人を観察することができるような建物を設計した。したがって，囚人は自分が常時監視されていると考え，規則どおりの行動しかできない。ミシェル・フーコーは，『監獄の誕生』のなかで，このパノプティコンの暗喩(メタファー)を組職について使用し，階層上の観察と普遍化された判断のような規則の慣行を説明した。この概念は，個人の行動を統制して影響を及ぼすために，非常に効率的な道具である。なぜなら，パノプティコンの原則は「自己規律」(self-discipline) を作ることだからである。観察される人は，常に自ら自分の行動を統制しながら行動するようになる。

経営学の父と呼ばれるテーラーが作った科学的管理法（scientific management）もパノプティコンに基づいている。すなわち，テーラーは，体系的監視システムを通じた業務管理とボーナスシステムを取り入れた。勤労者は次のような3つの側面を通じて，監視されるようになった。

(1) 個人別時間研究と動作研究。
(2) 事務室での定められた個人別作業。
(3) 機能別に事務室勤労者（clerks）を毎日観察する。

この3つの側面による観察対象となるのは，まさにその個人と，個人の成果および行動である。科学的管理が要求した実践事項は，トップダウンであり，したがって，勤労者が科学的管理法を理解して共有する必要はなかった。テーラー方式の核心は，業務とボーナスシステムそのもので，すべての個別勤労者は，自分の成果と進歩の程度を測定されるようになるものであった。究極的な目的は，勤労者ごとに業務と作業量を内在化させることであった。もしこのような自己規律が成功したら，物理的観察と監視はこれ以上必要で

表5　権力様相の変化

前近代/中世	近代/現代
絶対君主権力	規律権力
君主個人に人格化された権力	非人格化された見えない権力
残酷な公開処刑による恐怖を基盤とする権力行使	監視システムによる内部化された処罰を基盤とする権力行使

出所：張・崔・洪（2004）

はなくなる[2]。

　功利主義者ベンサムが監獄を設計するときに作った概念であるパノプティコンが，今日の知識情報社会を説明するフレームとして，「情報パノプティコン」の概念として使われている。フーコーによれば，「情報パノプティコン」は，近代社会で見られる規律権力の遂行方式である。このような「情報パノプティコン」が作り出した結果が，デジタル時代の権力遂行方式と考えられる。デジタル時代に情報通信技術を土台に遂行される権力がデジタル権力にほかならない。「情報パノプティコン」が新しい権力関係を作りつつある。「情報パノプティコン」を設計して管理する人は知識エリートである。これら知識エリートは，「情報パノプティコン」というシステムの中での統制の主体であり，見えない存在である。そして見える大多数の被支配層は，権力ネットワークの周辺部に所属しながら，見える対象である（たとえば，コール・センターの設計がそのような例であろう）。

　しかし，この関係は変化しつつある。統制管理者も見られる管理対象者と一緒に，お互いに統制されながら影響を取り交わす関係になりつつあるからである。特にインターネットなどのIT技術が発展する状況では一層そうである。インターネットというネットワーク環境の中で，中心という言葉は過去の遺物のようなものになってしまった。「多中心」あるいは分散，分権化されたネットワークがお互いを監視しているからである。

　権力という客体がどんな領域に属するのか，そして真実と知識が何なのかを決める。それで権力の遂行自体が知識産出という目的を持つようになる。

2）　Jacobs & Heracleous（2001）

結局知識は権力の効果であり,結果になる。結論的には,権力を見る観点が所有から関係に,事物から過程に,点から線に,ノードからリンクに変わったのである。これがフーコーのアプローチである。

ここでは,デジタル権力を「インターネットなどIT技術を使って情報交換と世論形成,新しい議題創出と社会運動を通じて行使される権力」と見なしてアプローチしたい。つぎに,韓国内で新しく台頭するデジタル権力の現状を政治,教育,社会的な側面から分析していこう。

3 デジタル権力の産物

この章で取り上げるデジタル権力の産物としての政治権力,教育権力,e-Society,情報格差などは次のようなものである。

政治権力

2002年の韓国の大統領選挙と2004年の国会議員選挙はデジタル選挙と言っても過言ではなかった。数十万人が集まる合同遊説は消えて,その代わりにインターネットというサイバー空間が,その中心となった。さらに携帯電話による双方向意思疎通は,短時間に世論を取り集めて伝える影響力を発揮する。大統領選挙の結果を通じて韓国社会の既存の権力関係がある程度崩壊しつつあることが分かる。ネチズン(net citizen)の素早い動きが新しいネットワークを作り上げ,その結果,新しい権力関係が作られたのである。

ところで,新しい権力関係を作り上げた人々は,これまでは,ほとんど既存の権力機関や権力の遂行方式から疎外されていた人々である。新しい政治環境によって,ほとんどの政治家は,個人ホームページを持ってインターネット世代との対話に積極的な姿勢を見せている。また会員を募集して,会員たちとのオンラインを基本にオフラインでコミュニケーションを拡大するために努力している。伝統的に世論を主導してきた新聞社も,インターネット新聞(「オーマイニュース」[3]など)の脅威を受けている。ネチズンと密着したイ

---

3) http://www.ohmynews.com/

ンターネット新聞は，新しいネットワークを作り上げたし，その結果，新しい権力関係を作ることができた。

　このようにインターネット，携帯電話などを通じて政治に無関心だった若い世代の参加を誘導し，お金のかからない選挙の可能性を高めることができた。サイバー政治，インターネット投票，サイバー選挙運動，サイバー政党などが，既得権が重視された既存政治に対する参入障壁を低くするきっかけになったのである[4]。

　一方，20 - 30代が作った「流動性文化」の限界も存在する。社会資本を成長させることができる社会信頼を構築しようとすれば，市民共同体への人格的参加が前提とされなければならないのに，匿名性が支配的であるオンライン共同体への参加は，一般市民の参加とは異なるという点で，社会信頼を構築するのに十分でないからである[5]。

教育権力

　韓国は教育行政情報システム（NEIS）を取り入れようとする過程において，教育人的資源部と教育機関，そして全国教職員労組（全教組）など教育関連団体の複雑な葛藤が現われてきた。NEIS（National Education Information System）とは，全国の1万余りの小・中学校，16の市・道教育庁および傘下機関，教育人的資源部をインターネットで連結して，教育関連情報を共同で利用するコンピュータ環境を構築する全国単位の教育行政情報システムのことを言う。NEIS導入によって，業務の効率性と便宜性が高くなるメリットはあるものの，争点の核心は，個人情報流出などプライバシーの問題と情報集中に関する問題である。

　全教組委員長は，特に「NEISは本質的に教育を助けるためではなく，教育現場に巨大な情報統制システムを構築するためのもの」と批判した。このような全教組の立場は，「情報パノプティコン」の登場あるいは強化に対する憂慮を表明したのである。特に学生の人権を侵害する教務，学生生活，保

4）　張（2003）
5）　宋（2003）

健領域を NEIS から分離すべきであるなどの要求には妥当性がある。したがって，国家人権委員会も「個人を識別することができる形態で情報が集積されることは個人情報保護の原則に反すること」と指摘したことがある (2005 年 5 月)。

しかしこのような議論にもかかわらず，90％以上が NEIS を活用しており，管理強化は程度の問題にすぎず，「情報パノプティコン」の成り行きを甘受しなければならないという現実論もある。その対策をデジタル権力の観点で考える必要がある。情報通信技術を正当かつ積極的に活用しながらも，その副作用を減らすことができる方法も模索するという課題が私たちの前に立ちはだかっている。

e-Society

インターネットの仮想空間は，多くの個人が，自分の才能を十分に開示させることができる場になる。これは 1 つの例だが，サイワールド（CyWorld）というインターネットサイトは，韓国において開設されてから 4 年も経たないのに，約 1500 万人（韓国人口の約 3 分の 1）がメンバーとして加入して活動している。特に 10 代後半から 20 代前半の若者のほとんど（約 90％）が加入しているほどである。サイワールドは，簡単に自分のホームページを作れるようにしたインターネットサービスで，そこに無制限の写真，文書，その他資料などを載せることができる[6]。これはアメリカで使われているソーシャル・ネットワーク・サービスである MySpace（myspace.com）や The Facebook（thefacebook.com）と類似しているが，相違点は韓国のサイワールドがより現実に近くて，魅力的であるという点である。加入者は「ドトリ（dotori）」というサイバー貨幣（cyber money）で自分のホームページにデジタル家具，作品，TV，音楽などを購入し，それらを揃えたきれいな部屋を構える。1 日平均 620 万枚の写真がサイトにアップロードされ，良い絵や

---

6) ノーカットニュース（www.cbs.kr/nocut/）によれば，2004 年末にインターネット文化のトレンド，10 種が選定された。このなかには，個人ミニホームページ，鑑賞した資料や家事に自分の意見を述べる reply 文化，デジタルカメラと携帯電話カメラ機能で日常の多様な姿をインターネットに載せるカメラ文化などが含まれている。

文章等は手軽に他の人々が見られるように移動される。この過程でインターネットスターが誕生したりする[7]。自分のホームページに食べ物の写真とともに料理のレシピを掲載して人気になったりする。インターネットに提供したサービスの人気が高ければ、そのサイトが名誉の殿堂入りをはたして全国的に知名度を得たりする。このようにして歌手、作家、ダンサーなどのインターネットスターが誕生して、一般の人々に知られて、新しい文化のリーダーに変貌していく。すなわち、過去には、スターは既存の組職に依存して作りあげられたが、インターネット時代には、誰もが無限の可能性を持っていて、自らがスターになったり、スターを作り出すことができる。また開かれたネットワークと双方向ネットワークによるe-Societyを構成し、問題（issue）を作って、これを組職化して社会的目標を達成したりする。たとえば、インターネットを通じて「東海表記」探し運動[8]をするとか、大企業を相手に高校生が中心になって、オンラインで、携帯電話の欠陥と誇大広告に対する消費者からの告発をする場合をなどに見られる。

情報格差

すべての主体が情報通信技術に接近したり、活用できるわけではない。そのために生じる情報通信技術の逆機能（誤った機能）のなかの代表的な問題が、デジタルデバイド（情報格差）である。これは、情報通信技術による獲得と接近の相違から生じた諸問題のことを言う。しかし、格差の問題は、今日だけの問題ではない。格差はどの時代にも存在していた。スペインの小説家セルバンテスは、16世紀に地球上には2つの種類の人間しか存在しないと考えた。すなわち、持つ者と持たざる者（Haves and Have-nots）である。これを今日に照らして表現すれば、情報化時代には、情報の所有者（富者）と非所有者（貧者）しか存在しないし、情報の所有者（富者）の中でも、さらにたくさん持った者とそうではない者に分けられる。しかし問題は、今

---

7) *Business Week* (2005)
8) 韓国政府は、「日本海」を「東海」と併記するよう求めていて、その根拠の1つとして17-18世紀の西洋の古地図には「東海」という名称が多く使われていることを指摘している。

まで経験した多くの格差より21世紀の情報格差はもっと深刻な問題を引き起こすはずだという点である。

　情報格差とは，コンピュータとインターネットなどデジタル機器の保有の程度と活用能力の相対的な格差を指す。情報接近度と活用度が高い階層とそうではない階層間に発生する格差である。コンピュータとインターネットが日常生活だけではなく，経済活動のやり方を質的に変化させているし，それによってデジタル機器の保有と活用の拡散のスピードが増加している。しかしデジタル機器の保有と活用は非常に差別的な状況を示している。そのような現象を放置した場合，むしろ社会経済的対立と葛藤を招くことになる。また究極的に，デジタルがわれわれの社会と経済分野にもたらす膨大な潜在力を損なうことになる。

　情報格差は，国ごとに差があって，一国内でも地域別，階層別，年齢別，性別，人種別など多様な領域で発生する。そのような格差は個人，集団，組職，社会，国家の権力差をもたらす。国別で見れば，北アメリカがデジタル化で進んでいるが，一部ヨーロッパおよび北東アジアの国々の水準も高い。一方，アフリカ，中東などの国家は，非常に低い水準にとどまっていて，デジタル化の国家間不均衡が深化している。また一国内でも所得水準によって個人あるいは家計のデジタル化が異なり，大企業と中小企業間の情報格差も存在し，また階層間，地域間にも相当な格差が存在している[9]。

　情報格差に関する問題は接続だけではなく，活用の観点からも考えるべきである。人々がデジタルを通してできる仕事が非常に多様化されているからである。ある人はインターネットで自分が必要な情報を迅速に探索し，結合して新しい情報を創出する一方，他の人はインターネットでゲームを楽しんで猥雑な写真や動画を捜し回って時間をむだに費やしている。両者ともインターネットに接続しているものの，前者が知識革命時代の新しい権力層として浮び上がる一方，後者は新しい種類の貧困層に転落する可能性が高い。老人と子供，障害者などの情報格差も同じである。

---

9) 崔（2000）

4　おわりに――展望

　成果とは，能力と意欲の関数であり，吸収能力（absorptive capacity）という概念は，関連知識の事前保有度と努力の強度によって，その水準が決められる[10]。デジタル時代のデジタル権力も，このような点でデジタル解読能力（Digital literacy）と情報活用の意欲（motivation）という2つの側面によって決定される。もちろん，リテラシーを単純に技術的解読で縮約すれば易しく整理される。すなわち，すべての人がコンピュータと情報機器を効果的に使うのに必要な技術を持っている場合の話である。しかし，デジタル解読能力は多様な意味を内包する。基本的な解読能力から情報解読，適応解読に至るまで多様な機能のスペクトラムによって構成される。デジタル解読能力と活用意欲の2つの次元によって，2×2の行列を描けば，図1の通りである。

　ここで一番理想的なのは，第(1)象限であり，最悪なのは第(4)象限である。第(1)象限はデジタル解読能力も高く，情報活用意欲も高い場合で，デジタル権力保有者に見られる。一方，第(2)象限は，デジタル解読能力は高いものの，情報活用意欲が弱い場合で，時間が経つと第(4)象限へ移動する可能性が高い。しかし，第(3)象限では，デジタル解読能力は低いとはいえ，情報活用意欲が高く，デジタル解読能力の基盤を少しずつ向上させていけば，最終的には第(1)象限へ移行するだろう。ここで各象限がどのように第(1)象

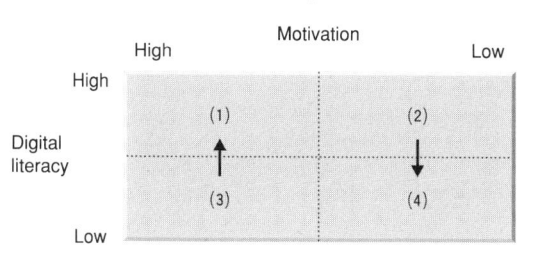

図1　デジタル権力：2×2 matrix

	Motivation	
	High	Low
Digital literacy High	(1) ↑	(2) ↓
Digital literacy Low	(3)	(4)

---

10)　Cohen & Levinthal（1990）

限へ移動するかに対する検討が，個人と学校，社会，国家次元で必要だといえるだろう。

■参考文献
尹榮敏 2000『Cyber 空間의 政治』漢陽大學校出版部
宋虎根 2003『韓國, 무슨 일이 일어나고 있나』三星經濟研究所
張誠原 2003『Internet 强國의 脆弱性과 對應課題』三星經濟研究所 CEO Information
張承勸・崔鐘仁・洪吉杓 2004『Digital 權力』三星經濟研究所
崔鐘仁 2000『地域差, 世代差 등葛藤理論 側面의 情報化 逆機能豫測 및 分析』韓國情報保護센터
崔鐘仁・金琦瑛 2000 "Digital 隔差의 國內外 現況"『高麗大學校 經商論集』第 18 卷
Bolt, D. & Crawford, R. 2000 *Digital Divide: Computers and our children's future*, TV Books, New York.
Business Week 2005 "E-Society; My world is Cyworld", 9.26
Cohen, W. M, & Levinthal, D. A. 1990 "Absorptive capacity; A new perspective on learning and innovation", *Administrative Science Quarterly*, Vol. 35, pp. 128-152.
Jacobs C. & Heracleous L. 2001 "Seeing without being seen: Toward an archaeology of controlling science", *International Studies of Management & Organization*, 31, 3, pp. 113-135.
Yang, hyo jin 2005 "Internet" *Usage in Korea*, NIDA.

第6章　中国におけるネット用語とネットゲーム

徐　怡秋

1　はじめに

　インターネットは，20世紀において，世界にもっとも大きな影響を与えた発明であると言われている。インターネットの普及によって，あらゆる情報が瞬時に世界の隅々まで，さまざまな人々のもとへ届くようになり，しかも一方通行ではなく，双方向のコミュニケーションが可能になった。近年，デジタル技術・ネットワーク技術の革新により，コンピュータネットワークは，人類にとって新たな活動空間である「サイバースペース」を急速に構築しつつある。

　このような状況は中国についても当てはまる。中国インターネットネットワーク情報センター（中国互联网络信息中心，CNNIC）は，1997年から半年に一度中国インターネットの発展状況について統計調査を行なっているが，2008年12月に公表された調査報告書によると，中国におけるインターネット接続端末数は約1億3600万台で，この数は，1997年にはじめて行なわれた調査の29.9万台の455倍である[1]。また，WWWサイト数（.cn,

---

[1) 調査報告書の中国語版，英語版とも，中国互聯網絡信息中心のウェブサイト (http://www.cnnic.cn) からダウンロードすることができる。

表1 中国のインターネット利用者数の推移

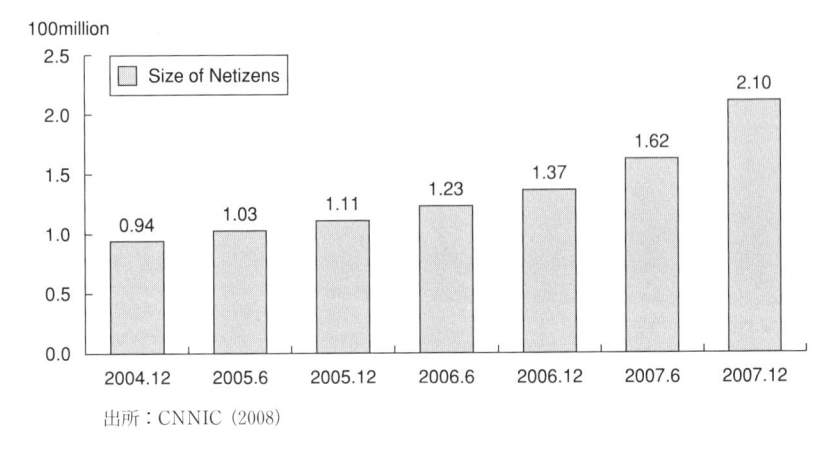

```
100million
2.5
       □ Size of Netizens                                    2.10
2.0
                                                      1.62
1.5                                            1.37
                                        1.23
                                 1.11
                          1.03
1.0     0.94
0.5
0.0
      2004.12  2005.6  2005.12  2006.6  2006.12  2007.6  2007.12
```

出所：CNNIC (2008)

.com，.net，.org下位のサイト）も急速に増加し，約1193万サイトとなった。そのうち，75.6％はcnドメインである。インターネット利用者数は，**表1**のように，約2億1000万人で，1997年の62万人という数字の339倍となっている。**表1**からもわかるように，2007年6月と比べても利用者数は，実に5000万人増加していて，最近の利用者数の増加が急速であることがわかる。

この調査の結果を見ても，中国のインターネットは目覚ましい発展をとげていることがよくわかる。このようなインターネットの発展は，中国において，独自のインターネット文化と呼べるものを生み出している。この章では，そのうち，中国における「ネット用語」と「ネットゲーム」について注目し，その現状を考察していきたい。

2　中国におけるインターネット利用状況の特徴

中国のインターネット利用は，急速に進んでいるが，その利用率は先進国と比較するときには，高いとは言えない。表2は，過去半年の間に1度でもインターネットを利用した6歳以上の市民（ネチズン）の比率を示したものであるが，最新の調査結果でも16.0％にすぎない。この数字は世界一のア

表2　中国のインターネット利用率

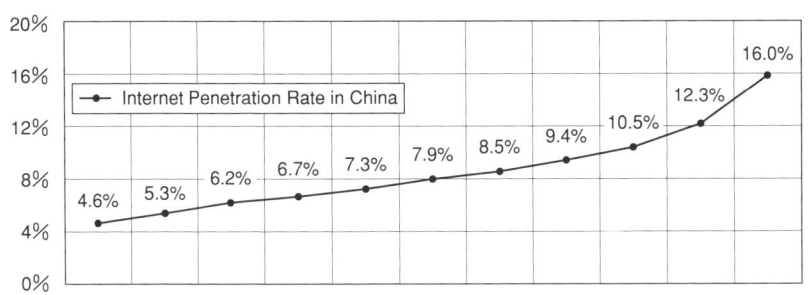

[図：Internet Penetration Rate in China。2002.12: 4.6%, 2003.6: 5.3%, 2003.12: 6.2%, 2004.6: 6.7%, 2004.12: 7.3%, 2005.6: 7.9%, 2005.12: 8.5%, 2006.6: 9.4%, 2006.12: 10.5%, 2007.6: 12.3%, 2007.12: 16.0%]

出所：CNNIC（2008）

表3　中国のインターネット利用者（ネチズン）の年齢構成

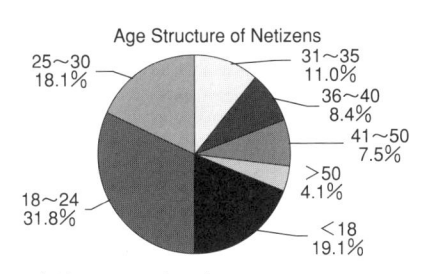

[円グラフ：Age Structure of Netizens。25〜30: 18.1%, 31〜35: 11.0%, 36〜40: 8.4%, 41〜50: 7.5%, >50: 4.1%, <18: 19.1%, 18〜24: 31.8%]

出所：CNNIC（2008）

　イスランドはもちろん，60％以上のアメリカ，日本，韓国と比較してもはるかに低い数字である。利用率は北京や上海という大都市では，45％を超えているが，内陸部の，たとえば貴州や雲南といった南西部の省では，10％を下回っている。このように，中国のインターネット利用の1つの特徴は，地域間の格差が大きいことである。
　つぎに，インターネットを利用する人の年齢であるが，年齢は，**表3**に示されたように，圧倒的に若い層が多く，18歳未満が19.1％，18歳から24歳が31.8％，25‐30歳が18.1％である。31‐35歳までの11.0％を合計すれば，約80％が35歳以下ということになる。このように，中国では現時点でも，インターネットは，圧倒的に若い世代の文化である。

表4　中国におけるインターネットへアクセスする場所の推移

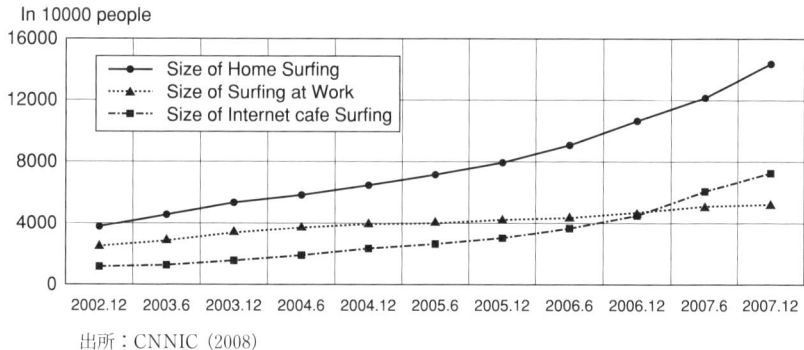

```
In 10000 people
16000
        ── Size of Home Surfing
12000   ⋯▲⋯ Size of Surfing at Work
        ─■─ Size of Internet cafe Surfing
 8000
 4000
    0
     2002.12 2003.6 2003.12 2004.6 2004.12 2005.6 2005.12 2006.6 2006.12 2007.6 2007.12
```
出所：CNNIC（2008）

利用者の男女比については，年齢が高いほど，男性の利用比率が女性を上回っている傾向は存在するが，18歳未満では，まったく同じである。

中国のインターネット利用において，日本と大きく異なる点は，インターネットにアクセスする場所である。日本の場合には，ほとんどが，家，職場，学校であろう。しかしながら，中国では，ネットカフェからインターネットにアクセスする比率が非常に高くなっている。2007年12月の調査では，67.3％が家庭，33.9％がネットカフェ，24.3％が職場である。表4は，アクセスする場所の比率の変化を2002年12月から示したものであるが，ネットカフェの比率は，2006年12月の調査で職場とほぼ同じになり，それ以降は職場を抜いている。このように，中国のインターネット利用の大きな特徴は，それが「ネットカフェ文化」でもあるということである。

ネット用語の特性

前述したように，中国のインターネット利用の特色は，若い世代が中心で，都市が中心で，さらにネットカフェからの利用が多いという点である。このような中国のインターネット利用は，独自のネット用語を多数生みだす背景となっている。ここでは，中国のネット用語を通して，中国のインターネット文化を考えていきたい。

インターネットの飛躍的な発展・流行に伴ない，CMC（Computer-

Mediated Communication），つまりコンピュータを媒介としたコミュニケーションを日常生活レベルで経験する人の割合も増大しつつある。従来までの対面コミュニケーションと同じように，CMC においても言葉が必要とされる。しかし，対面コミュニケーションと違って，コンピュータを介したコミュニケーションは独特な性格を持っているので，既存の言語ルールでは対応できず，新しい言葉が必要になる。したがって，CMC においては，対面コミュニケーションと異なった特徴をもつ新しい言葉が，つぎつぎに生み出されている。

　CMC の主な形態としては，電子メールや BBS や，チャットなどがある。ここでは，主にチャットを考察の対象としたい。チャットというのはパソコンの画面上で知り合った仲間たちと文字で気軽におしゃべりをする CMC である。岡本能里子はチャットの特性について以下の4点にまとめている（岡本 1998）。

　(1) 同期性：チャットは発信、着信、受信がほぼ同時に，つまり同期的に行なわれる。
　(2) 双方向性：文字伝達でありながら双方向性をもち，電話と共通している。
　(3) 時間制限：明確な時間制限があるわけではないが，一定の時間内にキーボードを叩いて発信しなければならないという暗黙の時間制限があると言える。
　(4) 匿名性：不特定多数の受け手が存在している。

　つまり，チャットでは普通の電話と同じように，双方がほぼ同時におしゃべりをする。しかも，キーボードを通して，文字でおしゃべりをする。この場面特性から，様々な新しい表現が生まれてきた。現在，チャットで使用されている言語表現，文字表現を中心とする新語は，若い年齢層の人々の中で，ブームのように愛着され，作り出された言葉はインターネットの世界だけでなく，社会の日常生活に広がっている。元々は極めて限られた若い年齢層の人たちによって行なわれていた言語活動から，新語・流行語がたくさん作り

出され，それが中高年層の人たちまで使われるようになっていった。一方，規範から外れた独特の文字使いになっていることが理由で，「中国語が乱れている」という議論も盛んに行なわれている。

本章では，主にチャットでよく見られる，従来の言語表現と異なったものを対象として，チャット用語の言語的特徴について考察してみたい。

チャットで使われる省略語

チャットでよく使われている新語の特徴をまとめてみると，省略語が多い，語呂合わせが多い，ネット新語が多いという3点が挙げられる。

はじめに，省略語が多いということであるが，チャットの場面特性は，より簡潔でありながら，明確に意味を伝えることを要求する。入力する場合は，一度に打てる文字数はせいぜい30文字程度が限界で，たくさん打つとそれだけ時間がかかり，相手を待たせてしまうことになるため，実際には10文字程度の話し言葉のやりとりになることが多い。そのため，「省略」はチャット用語の大きな特徴の1つになるのである。一口に略語といっても，作り方によって，いろいろなタイプがある。ここでは，大きく，漢字の略語，英語の略語，ピンインの略語の3つに分類して，それぞれの例と特徴をみていこう。

①漢字の略語

中国語では，両音節の言葉を単音節で表わすことが多い。たとえば，「网絡（インターネット）」のことを単音節の「网」で表わすことが多い。そして，「网」を語基としてたくさんの言葉が生み出されている。たとえば，网吧（インターネットカフェ），网徳（ネチケット），网管（インターネット管理），网校（インターネット学校）などである。

②英語の略語

英語は国際語といわれている。もちろん，これはインターネットの世界においても同様である。英語の略語をそのまま使うことがよく見られる。英語の略語はイニシャル型（頭文字）が一番多い。たとえば，BF（Boyfriend),BRB（Be Right Back），ASAP（As Soon As Possible）などがその例である。このほかに，アルファベットの音声的側面を生かした略語の形もある。たとえば，「I c」（I see），「c u」（see you），「u r」（you are），「Y」（why）などがある。

③ピンインの略語

　ピンインとは，漢字の読み方をアルファベット，ローマ字で示したものである。英語の略語の作り方を真似て，ピンインの頭文字でつくった略語もよく使われている。この例としては，たとえば，GG（gege，哥哥），これは「お兄さん」という意味で，男性のインターネット利用者に対する親しみをこめた呼び方である。MM（meimei，妹妹）は，「妹さん」という意味で，女性のインターネット利用者に対する親しみをこめた呼び方，FQ（fuqi，夫妻）は，夫婦のことである。またJS（jianshang，奸商）は，「悪徳商人」のこと，PMP（paimapi，拍马屁）は「おべっかを使う，あるいはゴマをする」ことをいう。

　また，この種の略語は，しばしば悪口の忌み言葉として使われる。悪口そのままの形は下品だし，悪い言葉を使うとチャットルームから追い出されることもあるから，多くの人はピンインの略語で表わすことにする。また，チャットは匿名性があるから，自分が誰なのか誰もわからないという安心感から，日常の生活では，絶対に悪口を口にしない人でも，つい，このような言葉を使ったりする。そのような言葉としては，たとえば，TMD（tamade，他妈的）は，「えい，くそ」の意味，WBD（wangbadan，王八蛋）は「ばかやろう」の意味である。これらの言葉は，中国では通常使えないため，ネットにおいても，略字の形でしか使うことができない。

語呂あわせのネット用語

　ネット用語のもう1つの特徴は語呂合わせが多いということである。語呂合わせというのは，辞書によれば1つの言葉遊びであって，同一語の異なる意味による場合もあれば，異なる語の似た意味や発音による場合もある。特に数字に意味を持たせたりすることが多い。受験のとき，何かを覚えようと

する時は，語呂合わせがよく活用されるが，それと同様である。

　語呂合わせはユーモアに富んでいるので，チャットでもたいへん好まれている。語呂合わせは主に変換ミス，外来語の音訳と数字の語呂合わせなどの種類がある。

　①変換ミス
　インターネット利用者の大部分は，ピンイン法で漢字を入力する。つまり，まずピンインを入力し，文節などの適当な単位ごとに変換作業を行なうことによって文章を作り出していく。また，漢字の同音異義語の集合から適当な語を選択して確定していかなければならない。このときに，手書きでは絶対にしない間違い，つまり変換ミスが出てくる。しかし，チャットなどではオンライン状態にあり，すぐに返事を返さなければならない場合，訂正に時間もかかるし，面倒なため，そのまま文章を続けていくことが多い。また，そのミスをうまく利用して「言葉遊び」を行ないながらメッセージを発信していくこともある。こうして，様々なおもしろい言葉が登場してきて，それらが徐々に広く一般に認められるようになっていった。例えば，BBSの管理人は「版主」という。しかし，ピンイン法で入力する場合は，先に出てくる言葉は「斑竹」である。「斑竹」というのは，涙の模様のある竹のことである。昔，「五帝」の時代に帰らぬ王を待つ娘の涙が竹に落ちたので斑竹になったという故事があることから，BBSの管理人はいろいろ苦労しなければならないという意味も込めて，「版主」の代わりの「斑竹」という言葉が定着するようになってきた。さらに，これと近い発音で，諧謔の意味を持っている「班主」「版猪」などの呼び方も現われてきた。

　②外来語の音訳の語呂合わせ
　英語の発音をなぞって，英語のコンピュータ用語などを訳す場合には，インターネット利用者はよくユーモアに富んだ漢字を選んで，訳語を作る。たとえば，「烘焙鶏」は，ホームページ（homepage）の音訳である。漢字の意味は「鳥を焼く」といった意味である。また，「瘟到死」はWindows，「瘟酒屋」はWindows 95，「瘟酒吧」はWindows 98を意味している。ここ

で，疫病，ウィルスを意味するような漢字「瘟」が使われていることからは，マイクロソフト社に対する反感が感じとれる。「笨三」はペンティアムⅢのことで，これは Pentium を「奔騰」と訳して，さらに「奔騰」を奔に略している。「笨」は「奔」の発音と近いが，「頭の悪い」といった意味である。また「屁兔」はペンティアムⅡで，「屁」は Pentium の P，「兔」はⅡの英語の音訳である。ここでも，「屁」という漢字が使われている。

　これらの訳語には，もとの英語の言葉を皮肉った意味が強く感じられるが，そこから中国人の外来文化，特にアメリカの文化を素直に取り入れられなくて，うらやましさ半分くやしさ半分の気持ちが窺える。

③数字の語呂合わせ

　チャットでは，数字は感情と気持ちを表わす言葉としてよく使われている。漢字の代わりに，発音の近い数字によって日常用語を表わす。数字を利用して意味を伝えるのは便利で、おもしろいので、大変人気がある。たとえば，886 は「白白嘍」（バイバイ），809 は「保齢球」（ボーリング），7456 は「气死我了」（死ぬほど怒っている），9494 は「就是就是」（そのとおりである），9958 は「救救我吧」（助けてくれ）である。

　チャットにおいて，語呂合わせ，特に数字の語呂合わせが多用されるのは，やはり，時間の節約のためである。文字の入力より，数字の入力はずっと便利で速いため，オンライン状態のチャットでは，数字の語呂合わせが非常に多く使われている。

ネット新語

　「新語」とは，新しくその言語社会に現われた語で，これには2種類ある。1つは，まったく新しく造られた「新造語」で，もう1つは既存の語の語形・意味・用法を変えたり，合成したり，借用したりしてできた語である。ネット新語はほとんど後者である。単語を増やさずに，既存の単語の意味を変えてしまうので，表面上は新しい単語が出現するわけではない。したがって狭義の造語法には入らないが，新しい意味の語が作り出されるという意味では立派な語形成だと言えよう。

①意味転用

チャット用語の中のこのような新語を分析してみると，意味の類似性や近接性に基づいて作られたものが多い。特に比喩的な使い方によって意味変化が起こった例がたくさんある。

たとえば，恐竜というと，体が大きいし，肌がでこぼこだし，鈍感な動物であるというイメージが強いが，そのイメージを利用して，チャットでは「醜い女性」のことを「恐竜」と呼ぶ。さらに，醜いだけでなく，言葉遣いも乱暴な女性のことを「肉食性恐竜」と呼んでいる。

これらの言葉はユーモアに富んでいるので，いったん使い始めると，すぐ認められて，速いスピードで使われるようになる。ほかには，つぎのような例がある。たとえば，「青蛙」は「醜い男性」に対する呼び方，「菜鳥」はネットサーフィン，ホームページ制作の初心者，「貼子」（貼子）はBBSで発表する自分の意見や感想，「回貼」（回貼）はBBSで発表された意見に対する返事，「潅水」は「水を撒く」ことであるが，BBSなどで無意味なことをやたらに書き込むことを意味する。「造砖」はBBSなどでまじめに書き込むこと，「潜水」はチャットルームでの1対1の会話のことである。

②香港や台湾からきた言葉

改革開放以降，海外および香港，台湾からさまざまな新しいものが入ってきた。その影響は経済，科学技術，文化など多方面にわたっている。マスコミの発達もその影響の拡大に拍車をかけた。特に同じ中華民族である香港と台湾地域の流行文化は，若者に大きな影響を与えている。言葉の面でもそうであるが，「我有来过」（私は来たことがある）といった標準語と違った文法が若者の間では大変流行っている（標準語では「我来过」というのが正しい）。

チャットの使用者の大部分は若者なので，チャット用語の中にも香港や台湾からきた言葉がたくさん使われている。たとえば，「东东」（東東）という言葉は物の意味で使われる。中国では本来，「東西」であるが，「東西」は発音しにくく，また「東東」のほうがかわいい感じがするので，このように使われるようになったのだろう。「唐僧」は，うるさい人に対する呼び方で使

われるようになった。これは，テレビで放送された『西遊記』の「唐僧」の役が非常にうるさい人物であったので，このように呼ぶようになった。これらの言葉の語源には，はっきりしていないものも多いが，香港や台湾の大学でよく使われているものだったり，テレビ番組や，映画の中の言葉だったりすることがほとんどである。

　また，台湾客家語方言の発音通りに書くというような使い方もよく見られる。たとえば「美眉」（かわいい女の子）は妹妹，「偶下乐」（ログオフ）は我下网了，「酱子」（このまま）は这样子である。

感情表出文字

　最後に新語ではないが，チャット用語の大きな特徴の2つとなる感情表出文字について少し触れてみたい。

　人間のコミュニケーションにおいて，口調や顔色や興奮などの雰囲気というものは言語表現の隠された意図を理解するための重要な手掛かりとして大きな役割を果たしている。したがって，対面の場合は，きついことを言われても、相手の目が笑っていたり，声が冗談らしいと「ああ，これは本音ではないんだ」とわかったり，うまく意味が受け取れなくてもすぐに聞き返して誤解を避けることができる。しかし，チャットなどのCMCにおいて，このような非言語的なメッセージを伝えることが困難である。そのために，チャットでは，自分の感情などを微妙なニュアンスとして相手に伝える手段として，擬声語やフェイスマークなど，いろいろな感情表出文字がよく使われている。

　たとえば，図1のように「本当に行くの」という同じ文でも，違うフェイスマークを使うことによって，「緊張」，「いや」，「楽しみ」というふうに，それぞれ違う意味合いが伝わる。

　このような既成の顔マークができるまでは，記号の配列結合によって構成

図1　フェイスマークによる意味の相違

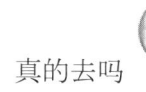

真的去吗　　　　　　真的去吗　　　　　　真的去吗

された顔文字がはやっていたのである。特に横に倒れる顔が多い。たとえば，つぎのように使われる。

＞:-(　　　怒る
:-) 　　　　スマイル
:P 　　　　舌出し
8-) 　　　　眼鏡をかけている

　現在では，100種類近くの顔マークを提供するチャットソフトもあり，とても便利である。

　以上，チャット用語の特徴を簡単にまとめてみた。言葉は変化するものである。社会の発展などにつれて，言葉も変わっていく。すさまじい発展を遂げた分野であるほど，言葉の変化が激しい。チャット用語はインターネットの発展に伴なって生まれてきた新しい言語現象であるが，インターネット技術の発展には目を見張るものがあり，この分野における言語の変化も大きい。語彙的側面だけを考察してみても，その変化の大きさが実感できる。
　チャットで生まれた新語は，いまや日常生活，特に若者の生活に浸透している。どの大学のキャンパスに行っても，「恐竜」や「蛙」などのチャット用語が耳に入るし，学生の作文の中にもよく出てくる。また，このような新語が大量に使われているネット小説が正式に出版されると，すぐにベストセラーとなった。チャット用語は，すでに大衆生活の言語活動に溶け込んでしまって，社会全体における言語の様相に大きな変化を与えている。
　この変化に対して，チャット用語は規範からはずれたものが多いので，中国語に混乱をもたらしたとか，新しい表現方法として，独特な特徴を持っているとか，そのうち，自然になくなってしまうのではないかなど，議論が続いている。
　チャット用語は新しい言語現象の1つとして言語と社会の関係，言語と文化の関係など，社会言語学研究の新しい課題になりつつあるのではないかと思われる。

3　ネットゲーム

電子メールやチャットによる人々とのコミュニケーション，情報の収集・発信，ネットショッピングなど，インターネットでできることは多岐にわたる。さらに，ブロードバンドの普及はめざましく，それに伴なって，ネットの楽しみ方も変わりつつある。大容量のデータのやり取りや，常時接続が可能になったおかげで，映画を見たり，音楽を聴いたり，ネット対戦ゲームに参加したりと，さまざまなバリエーションが広がっている。その影響を最も受けて急成長しているのが，オンラインゲームである。また，中国におけるインターネット利用の特徴として，ネットゲームの利用の比重が非常に高いことが指摘されている。したがって，ここでは，中国におけるネットゲーム利用の現状とその問題点をみていこう。

中国オンラインゲームの市場規模とその進展状況

中国インターネットネットワーク情報センターが，2005年7月に公表した『第16回調査報告』[2]によると，ネット接続の目的として，休憩娯楽は情報取得を超えて1番目となった。そして，23.4％の人がネットでよく利用するサービスの1つとしてオンラインゲームを挙げている。

『2007年中国ゲーム産業報告』[3]によると，中国のオンラインゲーム人口（ユーザー件数）は，2007年には4017万人に達し，前年から23.2％増加した。これまでのオンラインゲーム人口は，2001年397万人，2002年840万人，2003年1380万人，2004年2030万人，2005年2630万人，2006年3260万人であり，最近のオンラインゲーム人口の成長には驚くべきものがある。報告はまたオンラインゲーム人口は，2012年には約8456万人に達すると予測している。

---

[2]　中国互联网络信息中心（2005）
[3]　中国出版工作者協会遊戯工作委員会（CGPA）・国際デジタル通信株式会社（IDC）（2008）

オンラインゲームの市場規模も，2007年には前年比61.5％増の105.7億元に達した。市場規模は，2002年に9.1億元，2003年13.2億元，2004年24.7億元，2005年37.7億元，2006年65.4億元と成長してきた。このように，市場規模もユーザー人口と同様に急速に成長している。オフラインゲームの市場規模はわずか8000万元であることからわかるように，中国では，ゲームはオンラインで行なうものである。オンラインゲームはすでにネット産業における3大高収益業種の1つとなっており，こうした巨大市場の確立はIT産業全体の発展に大きな影響を与えている。

　2002年初頭は20社程度であった中国オンラインゲーム企業は，現在ではすでに100社以上に拡大した。その中で，特に成功を収めた1つの企業として「盛大ネットワーク」がある。盛大ネットワークは，韓国ACTOZ社と「传奇（レジェンド）」の独占販売契約を締結したことから一気にブームが沸き起こった。「传奇」は，2002年の市場シェアを独占して，年間総売上で4億元を達成した。その後，盛大ネットワークは自社でもオンラインゲームを開発して，毎年100％の成長率を達成し，2004年の売り上げは13.7億元，2003年の売り上げの123.4％の増加である。2008年度第1四半期の売上は7.45億元（年に換算すると29.8億元）になっている。ピーク時には200万人が同じ時間に，「盛大」のオンラインゲームにアクセスしているといわれる。「盛大」が代理店となったオンラインゲームの開発元である韓国企業は，その後に急成長した盛大に逆に買収されることになった。また2004年5月の米国ナスダック市場への上場では1億5200万ドル（約157億円）の資金調達に成功した。

　中国市場には，ゲームのドラマ化，映画のゲーム化などのメディアミックスの波が確実に訪れている。人気ゲーム『仙剣奇俠伝』（ソフトスターが開発）がテレビドラマ化されて，全国で放映され，高い視聴率を収めた。1つのコンテンツをより多くのメディアで発信し，ゲーム業界だけではなくエンターテインメント業界全体を盛り上げようとする動きがでてきたのである。たとえば，コカコーラは，人気グループSHEを登用して，オンラインゲームのヒット作「ワールド・オブ・ウォークラフト」をモチーフとした広告を制作している。

オンラインゲームの種類

今中国で最も人気のあるオンラインゲームの種類を大きく分けると，MMORPGとカジュアルゲームの2つに分けられる。2008年4月時点では，カジュアルゲームとMMORPGの比率は約3対7になっている。

① MMORPG（Massive Multiplayer Online Role-Playing Game）

MMORPGとは，「大規模多人数参加型オンラインロールプレイングゲーム」のことである。最近の中国ではMMORPGが圧倒的な人気を集めていて，オンラインゲームと言えば，MMORPGのことだと思われるほど，流行している。

MMORPGは，インターネット上に架空（ヴァーチャル）の世界が用意されていて，参加者はその世界の登場人物になりきって自分の分身となるキャラクターを作り，この架空の世界でほかの人と一緒に冒険や生活を楽しんで，物語をすすめていくゲームである。架空の世界といっても，そこに存在するキャラクターの多くは，別の参加者，つまり生身の人間が操作していることと，ゲームの世界が，自分がプレイしてないときにも存在しているのが大きな特徴である。

このようなゲームには，すばらしい物語のストーリーがあって，映像，音楽も精巧で美しい。ゲーマーは複雑なタスクを行なうなかで，ゲームに参加している知らない人とも必然的に話す必要が生じ，それによって仲良くなるということも生じる。また，ゲーム内で「悪人」を演じているプレイヤーもいて，そのような人々への注意が必要になるなど，現実社会と類似するところが多く，この世界で英雄になったりして，自分の夢を実現することも魅力の1つと考える人が多い。

IDCとCGPAの調査による，2004年オンラインゲーム人気ランキングトップ10を以下に掲げるが，そのほとんどがMMORPGである。

オンラインゲーム人気ランキングトップ10は，1位　伝奇（レジェンド），2位　伝奇3（レジェンド・オブ・マーIII），3位　伝奇世界（ワールド・オブ・レジェンド），4位　夢幻西遊（夢幻西遊），5位　奇迹（MU：奇蹟の大地），6位　剣侠情縁online（レジェンド・オブ・ナイツ），7位

魔力宝贝（クロスゲート），8位　大话西游2（大話西遊IIオンライン），9位　天堂2（リネージュII），10位　仙境传说（ラグナロクオンライン），である。

2007年のランキングは，1位　梦幻西游，2位　征途，3位　魔兽世界，4位　問道，5位　魔城，6位　大话西游2（大話西遊IIオンライン），7位　神泣，8位　传奇，9位　奇迹世界，10位　热血江湖，と変化している[4]。1位の梦幻西游のPCU（Peak Concurrent Users, 最大アクセス数）は，150万人になっている。盛大ネットワークに加えて，網易（NetEase），九城（ナインシティ），巨人網絡も大きな売上を示し，力を伸ばしている。

これらのゲームのビジネスモデルは，ゲーム時間による料金徴収か仮想商品の販売によるものである。仮想商品とは，ゲームの世界でしか使わないアイテムをゲーム参加者に販売すること（Pay for Virtual Items）である。

中国でプレイされているオンラインゲームは，かつては，韓国や日本をはじめとする外国産がほとんどで，韓国の製品が，オンラインゲームソフト市場シェアの60％以上を占めていた。しかしながら，このMMORPGの人気の高さは国産ゲーム産業の発展に拍車をかけた。2004年に入ると，中国の伝統文化をモチーフにした国産メーカーのゲームが人気を獲得するようになって，人気ランキングトップ10のうち，国産のゲームが4つを占めるようになった。盛大ネットワークの「ワールド・オブ・レジェンド」は同時接続者数50万人を超え，中国の大手ソフトウエアメーカーの「金山軟件」（キングソフト）が開発した「レジェンド・オブ・ナイツ」は，台湾でも正式にリリースされて，ユーザーから絶大な支持を得ることになった。中国で最も人気のある総合ポータルサイトの1つである「網易」（NetEase）が開発した西遊記シリーズ2作の同時接続者数は合計で100万人を突破した。そのような結果，2008年4月時点では，国産ゲームと輸入ゲームのシェアの比率は6対4になった[5]。

国産のゲームは，そのほとんどが中国の歴史や武俠（中国の勧善懲悪物

[4]　网易（NetEase）科技報道（http://tech.163.com/07/0626/16/3HU5B89D00092AUL.html）
[5]　http://it.sohu.com/20080506/n256697507.shtml

語）を題材にしたもので，孫悟空や諸葛孔明など中国で人気の高い人物を登場させることで，外国産ゲームの人気に対する突破口を見出した。ゲームには世界共通の流行があるため，市場を拡大している中国産オンラインゲームの強みである中華圏の伝統文化というテーマは，今後の世界市場におけるゲーム開発の主流となる可能性もある。

②カジュアルゲーム

カジュアルゲームは難しい操作の必要なしに短時間で終わるもので，将棋やトランプなどのテーブルゲームが代表例である。ほかに，アクション対戦，パズルやクイズゲームなどもここに含まれる。

将棋をやりたいのに対戦相手がいないという経験は誰でも持っているだろう。ネットなら，いつでも対戦相手が探せる。また，長い時間帯のオンラインは必要ではないので，少しの間リラックスするのにちょうどいい。ネットにつないで知らない人とチャットしながらプレイできるから，友達を作って，決まったパートナーになることも多い。

IDC&CGPAの調査では，MMORPGのプレイヤーはほとんどが24歳以下の青少年であるのに対して，テーブルゲームは各年齢層の人に好まれている。お馴染みの伝統ゲームであるし，ほかのオンラインゲームより観察力や反応力の要求も高くないから，ゲームを楽しむ人数だけで言うとMMORPGよりも多い。

今，中国では，テーブルゲームの主なゲームサイトは「聯衆」，「中国ゲームセンター」，「QQゲーム」の3つである。

「聯衆」というゲームサイトは1998年に創立されたが，創立当初の1999年初めのユーザーアカウントは3万人，同時接続者数は1000人にすぎなかった。しかし，2000年にはそれぞれ70万人と9000人になり，創立6年後の2004年には，ユーザーアカウントは1億7000万人，同時接続者数は72万人にまで達した。

中国ゲームセンターは，1999年に広東省電気通信有限公司が創立したもので，「北聯衆，南中遊」と言われているように，中国の南の地方のユーザーが多い。2004年時点では，ユーザーアカウントは1億人近く，同時接続

者数は30万人だという。

　今発展のスピードが一番速いゲームサイトはQQゲームである。2003年からの1年間で同時接続者数は50万人まで達して，「聯衆」を上回る勢いを示している。「QQ」とは深圳のテンセント社が開発したチャットソフトで，2008年3月の時点で，QQ Instant Messengerの登録者数は7億8340万人，アクティブユーザも3億1790万人で，中国ではMSNのメッセンジャー以上の普及度がある。QQゲームがこのような大きな成功を得たのは，QQの普及に負うところが大きいといえよう[6]。

　シリアスな絵が特徴的なMMORPGと，伝統ゲームをオンライン化したテーブルゲームは依然人気なのであるが，2003年からアクション性が強く，かわいらしいキャラクターが特徴の「カジュアルゲーム」も注目を浴びるようになってきた。特に『BnB』は人気上昇中の作品で，2005年時点で常時接続者数は40万人以上，時間帯によっては同時接続者数が70万人を突破することもあるという。『BnB』は韓国企業のNexon社が開発したゲームで，水風船によって相手を閉じこめ，その風船を割ることによって勝利するという多人数対戦型オンラインアクションゲームで，キャラクター，アイテム，対戦マップといったゲーム自体に変化をつける部分が充実しているため，いちはやくプレイヤーの心を捉えた。

オンラインゲーマーのゲーム利用状況

　利用者の男女別では，2004年については，男性が81.22％，女性が18.78％で，前の年より，女性プレイヤーの数は増えているが，依然として男性の方が圧倒的に多い。つぎに，利用者の年齢層では，95％のプレイヤーは30歳以下である。しかし，年をとればとるほど，お金を払ってゲームする人の比率は高くなる。利用者の年齢層は，毎年少しずつ高くなっているが，2006年でも30.7％が22歳以下，80.8％が30歳以下である[7]。

　オンラインゲームの利用時間は年々増えている，2004年の平均利用時間

---

6)　腾讯のウェブサイトから（http://www.tencent.com/about/about-e.shtml）。
7)　中国出版工作者協会遊戯工作委員会（CGPA）・国際デジタル通信株式会社（IDC）（2007）

は，週に10.9時間である。利用時間の性別差も激しく，4分の3近くの女性は1日1時間未満に過ぎないが，男性は極端に長くなり，17％の男性が週に29時間を超えている。

ゲームをプレイする場所については，「自宅」が一番多いが，「インターネットカフェ」でプレイする人も多い。ゲームに費やす費用であるが，これには，有料ゲームの料金のほかに，ネット接続費用やアイテムの購入費用なども含まれる。2004年の平均費用は月に158.3元である。しかし，無料のオンラインゲームしかしない人の人数が多いという現状を考えれば，この費用の大部分はネット接続費用に使われていると推察される。この点からもゲーム産業は，ほかの産業，特に電信産業にもたらすプラスの効果が窺われる。

オンラインゲームの問題点

中国のオンラインゲーム市場が2000年に正式にスタートしてから，全体的に急成長を遂げていることは衆目の一致するところであるが，その一方，さまざまな問題を抱えていることも間違いない。

①開発人材の不足

これまでの中国のオンラインゲーム企業は，ゲームの自主開発にはコストや時間がかかり，リスクも高いため，手早く確実に収益を得たいとの認識のもとで，韓国ゲームベンダーの代理運営を主流としていた。2004年に国産ゲームは大きな伸びを見せているが，2004年時点においては，韓国のオンラインゲーム製品が依然，中国市場で巨大なシェアを有している。2007年になると国産ゲームと輸入ゲームの比率は6対4となり，国産ゲームの開発が進んでいるが，中国のオンラインゲームのユーザー数が4000万人を超えるのに対し，ゲーム製作者は1万人以下であると言われている。人材不足によるソフト開発の遅れは，すでに中国オンラインゲーム企業の発展を制限する一番大きな問題になっている。

2004年，政府は，国産のオンラインゲームを政策的に育成させる方向に踏み出すことになった。国家新聞出版総署は，「中国民族オンラインゲーム出版プロジェクト」の始動を発表した。中国政府はこのプロジェクトで，国

内のオンラインゲームソフト開発企業から，独自の知的財産権を持つ，中国の伝統文化をモチーフとしたオンラインゲームソフトを，5年間で100種類リリースすることを目指している。

　この現状を踏まえ，中国ではゲーム開発人材養成機関が次々に誕生しており，これによって即戦力となる人材が多数確保できるようになることが期待されている。

　②バーチャルアイテム売買
　オンラインゲームのユーザー間で，「RMT（リアルマネートレード）」なる取引が増えている。RMTとは，ゲーム内のアイテムやキャラクター，土地などを，現実の金品と交換する行為のことである。疑似通貨のほかに，アイテム売買やキャラクター育成代行を商売にする人間も現われ，ユーザー同士を仲介するサイトも急増中である。

　しかし，実体のないバーチャルアイテムを高額で売買する倫理上の問題に加え，ゲーム内の疑似通貨やアイテムの著作権や所有権，アイテム売買をビジネスにした場合の税法上の問題などもクリアされていない。そもそもバーチャル取引に関する法律もルールもないのが現状なのである。アイテム売買を騙った詐欺や不正アクセスなどの犯罪の誘発を危惧する声もある。

　また，アイテムに関するこれまでになかった訴訟も出現してきた。2003年アカウントがハッキングされて，盗まれたバーチャルアイテムの返却を訴え出たケースが出て，裁判所はオンラインゲームの運営会社がすべてのアイテムを返却しなければならないという判決を下した。判決では，バーチャルアイテムに明確な所有権が認められているが，所有権をめぐる議論はいまだ継続中である。

　2007年4月には，インターネット上の模擬通貨「Q幣」87万元（約1300万円）をハイテク技術を用いて詐取したとして，2人が，詐欺罪でそれぞれ懲役13年と10年の刑になるという，中国のインターネット犯罪史上最も重い量刑が課せられる事件がおきた。この模擬通貨「Q幣」は，ユーザーが購入し，ウェブサイト上でサービスを購入するのに使われる[8]。

　このほかに，ゲーム仲間に貸していたアイテムを無断で売り払われたこと

が原因で友人を刺殺するケースや，ネットカフェでアカウントとパスワードを人に知られ，アイテムが盗まれたケースなどもある。

③ネットゲーム中毒

　中国では，オンラインゲームはすでに若年層で爆発的なブームとなっている。しかし，それと同時に，ゲーム中毒も見逃せない問題になっている。ネットゲームは，テレビゲームと違い，ネットを通して，不特定多数のプレイヤーが同じ世界に同時接続するから，チャットによりコミュニケーションをとったり，パーティーを組んだりすることもできる。こうしてネットゲーム上の人間関係が形成されることになるが，それによってゲームへの依存性が高くなる可能性が大きい。またネットゲーム，特にMMORPGはパッチによるアップデート，アイテムの相場変動などゲーム内の世界が常に動いていることも依存性を高くする要因になる。

　最近では，ネットゲームプレイ中の興奮死やネットゲームを連続で行なうことによる死亡事件がしばしば発生している。2002年4月17日に中国江西省・南昌市のネットカフェで，オンラインゲームをプレイ中の高校生が急死する事件があった。また，5月1日には新疆烏魯木斉で徹夜してオンラインゲームを続けた専門学校の3年生が急死する事件も起きている。さらに，2004年3月7日には上海で，ネットカフェでネットゲームを20時間近くプレイし続けた31歳の男性が死亡する事件もあった。同じく2004年10月19日，鞍山市で，12時間近くネットカフェで連続でネットゲームをプレイし続けた19歳の男性が死亡する事件があった。2005年1月，天津において，13歳の少年が，オンラインゲームへの依存から抜け出せなくなり，ネット世界と現実の世界を区別できなくなって自殺するという事件もおきた。

　このほかにも，ネットゲームをするお金を捻出するため，ゲームで負けた腹いせに，ゲームのストレスからなどなど，ネットゲームに関係する青少年犯罪事件が数多く報告されている。

8）　中国情報局（http://searchina.ne.jp/）「Q幣詐欺で2人逮捕，ネット犯罪史上最も重い量刑に」2007年4月10日。

政府は，コンテンツの審査やネットカフェの管理の整備など，さまざまな面で対策を講じているが，オンラインゲームのプレイヤーのほとんどが青少年である現状を考えれば，いかに未成年者を保護するかが大きな課題になりつつある。

4　おわりに

　この章では，中国におけるインターネットの利用状況を概観した後に，中国のネット用語，中国のネットゲームの現状を紹介してきた。
　前述したように，中国のインターネット利用の特徴は，都市型，若い世代が中心であること，高学歴の利用者が多いこと，ネットカフェからのアクセスの比重が高いことである。ネット用語の利用は，もちろん世界の各国に共通するものであるが，このような中国のインターネット利用の特徴が，ネット用語の発生や普及を他国よりも促進する要因となっていることは間違いない。またユニークなネット用語がつぎつぎに生み出されている背景となっている。
　中国では，日本のプレイステーションや任天堂のDS，Wiiのような単体のゲーム機の普及率はそれほど高くない。日本における2005年の上半期の家庭用ゲーム市場規模は，ハードが3320億円，ソフトが3358億円である（合計で6679億円）[9]が，それに比較して，オンラインゲームの市場規模は，2006年でわずか1015億円にすぎない。一方，中国では，家庭用ゲーム機は，1人当たり国民所得（約2000ドル）と比較してゲーム機の価格が相対的に高いこともあって，それほど普及していない。また日本のメーカーにとっては海賊版ソフトの問題が存在する。このような事情が，オンラインゲームの圧倒的シェアという現象を生み出している。
　ある意味では，このような特徴は，中国のインターネット文化を日本と比較して，より先進的なものにする可能性をもっているだろう。今後の中国の

---

[9]　ITmediaウェブサイト（http://plusd.itmedia.co.jp/games/articles/0804/11/news059.html）

インターネット文化がどのように変容していくのかを注意深く見守っていく必要があるだろう。

■参考文献

中国互联网络信息中心（CNNIC，中国インターネットネットワーク情報センター）2005『第16次中国互联网络发展状况统计报告（中国におけるインターネットの発展に関する統計報告）』(2005年7月)。英語版は，CNNIC, *Statistical Survey Report on the Internet Deveopment in China 2005.*

中国互联网络信息中心（CNNIC，中国インターネットネットワーク情報センター）2007『第21次中国互联网络发展状况统计报告（中国におけるインターネットの発展に関する統計報告）』(2007年12月)。英語版は，CNNIC, *Statistical Survey Report on the Internet Deveopment in China 2008.*

中国出版工作者協会遊戯工作委員会（CGPA）・国際デジタル通信株式会社（IDC）2005『2004年度中国游戏产业报告』

中国出版工作者協会遊戯工作委員会（CGPA）・国際デジタル通信株式会社（IDC）2007『2006年度中国游戏产业报告』

中国出版工作者協会遊戯工作委員会（CGPA）・国際デジタル通信株式会社（IDC）2008『2007年度中国游戏产业报告』

艾瑞市场咨询公司 2005『17173第4届中国网络游戏市场调查报告』

互联网试验室（Chinalab.com）2005『2004年中国网络游戏研究报告』

刘海燕 2002『网络语言』中国广播电视出版社

王晓炜 2002『实用网络流行语』汉语大辞典出版社

黄少华・陈文江 2002『重塑自我的游戏　网络空间的人际交往』兰州大学出版社

于根元 2001『网络语言概说』中国经济出版社

于根元 2001『中国网络语言词典』中国经济出版社

易文安 2000『网络时尚词典』海南出版社

刘钦明 2002「『网络络语』的组合理据分析」『语言教学与研究』2002年第6期

周君兰 2000『2000 虚拟的沟通艺术：一个网络语言文化的初探性研究』

窪薗晴夫 2002『新語はこうして作られる』岩波書店

岡本能里子 1998「しゃべる――チャットのコミュニケーション空間」『現代のエスプリ』370, pp. 123-137，至文堂

三上俊治 1996「インターネットで変わる社会生活」『日本語学』1996年11月号，明治書院

伊藤雅光 1993「『チャット』と呼ばれる"電子おしゃべり"について」『日本語学』1993年12月号，明治書院

高木條治 1998「パソコン通信におけるフェイスマークの機能」『日本語学』1993年12月号，明治書院

III　ポスト社会主義のポピュラー文化

第7章　王小帥の映画と中国の社会変容

胡　备

1　はじめに

　2005年は，中国で映画が誕生してから，ちょうど100周年にあたる。夏 衍は，『中国大百科全書・映画』(1991, pp. 2-5)のなかで，中国映画100年の発展を歴史的に分類し，5つの期間に分けている。すなわち，① 1905‐1931年の導入期，② 1932‐1949年9月の成長期，③ 1949年10月‐1966年のイデオロギー映画の発展期，④ 1967‐1978年の文化大革命による退廃期，⑤ 1979年‐現在の回復・成長期，である。この分類からもわかるように，中国映画100年の歴史は，政治に翻弄された悲喜こもごもの歴史でもある。この波瀾万丈の100年を振り返ってみると，上述の第2期(1932‐49年)，第3期(1949‐66年)，第5期(1979年以降)には，優れた作品が数多く制作されてきた。そのいずれもが当時の社会状況を反映している点で，中国映画は，社会・文化を理解するための優れた教科書になると思われる。この章では，そのような点を考慮しながら，現在，中国で最も注目されている新鋭の映画監督の1人である王　小帥の映画の分析・解説を通して，中国の社会・文化の変容を見ていくことにしたい。

2　王小帥と彼の作品

　王小帥は，1966年5月22日，上海に生まれた。とはいっても，生まれてから数か月後に，母の勤めている軍需工場が三線建設[1]のために移転したことによって，貴州へ引っ越すことになった。父はもともと上海劇学院に勤めていたが，やむなく貴州省の京劇の劇団に転勤し，そこで京劇監督をすることになった。このようにして，父と母と妹の4人家族で，貴州の13年間にわたる「移民」生活が始まった。

　彼の幼年期には，周りに上海人が多く，現地の貴州方言ができなかったため，上海語で話していた。王小帥は，9歳から父に言われて絵を習い始めた。13歳の時に，父が武漢軍区新劇団に転勤したため，武漢で2年間生活した。この時期に，本格的に絵画の勉強を始めた。15歳の時に，北京中央美術学院附属中学校の入試に合格して，1人で上京した。1984年に陳 凱 歌[2]監督の『黄色い大地』を見て感動した王小帥は，自分の進路を美術学院から映画学院へと変更した。

『黄色い大地』と第5世代監督

　ここで，王小帥の人生を変えることになった『黄色い大地』と陳凱歌監督について考察しておこう。この作品は，中国映画が沈滞していた時期（第4期）から新たな発展へと向かう契機となったものだ。監督は陳凱歌，撮影は張 芸 謀[3]であるが，この2人は，その後も国際的に高く評価される作品を撮り続け，中国映画の国際的地位を確立した。また，この作品は，第5世代の監督による最初の作品と考えられている。

---

1) 「三線建設」とは，中国が1964年から1978年にかけて，戦争に備えるために施した戦略的な建設である。一線とは，沿海と辺境を指し，三線とは四川，貴州，雲南，甘粛などの13の内陸の省（自治区）を指す。二線は一線と三線の間である。三線建設とは，一線から三線地域へ工業の重点を移すということである（http://baike.baidu.com/view/24801.htm）。

2) 主な作品としては，『さらば，わが愛／覇王別姫』(1996)，『始皇帝暗殺』(1998)，『Promise 無極』(2005) などがある。

毛沢東によって指導された文化大革命に突入した1966年以降の中国映画は，「映画も革命に奉仕するものだ」という教条的な映画論に基づいて制作され，そのストーリーは「革命的」な人物と「反革命的」な人物が登場し，主人公は，そのどちらを選ぶのかについて逡巡した結果，最終的に「革命的な」生き方を決断するというステレオタイプのものがほとんどであった。こうした当時の中国映画のなかで，『黄色い大地』は，まったく新しいものであった。

　映画の舞台は，日中戦争（1937‐1945年）が始まってすぐの中国の内陸部（陝西省）にある小さな村である。そこに，民謡の採集に訪れた八路軍（中国人民解放軍の前身）の兵士と幼い少女の淡い恋愛感情を映画は描いている。しかし，その描き方は，「文革的な」ものではなく，青年兵士と少女の心情，振る舞いをリアリスティックに，「客観的な」視点から描写している。

　この映画を制作した陳と張は，文化大革命の時期に，農村に強制的に行かされた経験を持っている。この「下放」は，文化大革命による都市のインテリ層に対する懲罰的なものであり，都市に戻れなくなることによって，悲惨な人生を送ることになったものも少なくなかった。しかし，同時に，中国の農村の貧しさ，中国社会の矛盾を実体験することは，この世代の思想形成に大きな影響を与え，その体験から多くのすばらしい作品が生み出されることにもなった。たとえば陳凱歌の『子供たちの王様』(1987) も，下放されて山村の小学校の教師となった若者と生徒の交流を描いた傑作である。

　王小帥は1985年に北京映画学院に入って，映画監督を専攻した。この間に，たくさんの世界の映画作品を鑑賞した。彼の話によると，イタリアのフェデリコ・フェリーニ，ミケランジェロ・アントニオーニ，日本の小津安二郎，中国の1940年代の監督である費 穆[4]（フェイ・ムウ）の作品の影響を強く受けたということである。

---

3) 主な監督作品としては，『赤いコーリャン』(1987)，『菊豆』(1990)，『HERO』(2002)，『単騎，千里を走る』(2005) などがある。また主な出演作品として，『古井戸』(1987)，『トゥーランドット』(2000)，主な撮影作品に陳凱歌の『黄色い大地』(1984) など。

4) 代表作『小城之春（田舎町の春）』(1948) は，中国映画史上最も影響力をもつ作品との定評がある。

1989年に卒業してから，成績が優秀であったため，母校に残って教鞭を執る選択肢もあったが，「映画制作ができる」という噂だけで，王小帥は福建映画制作所へ入った。しかし，その後の王小帥の映画人生は，けっして順風満帆ではなかった。現実は厳しく，当時の計画体制で，新米の監督には映画を作るチャンスはなかなか回ってこなかった。彼は，この時期に脚本を数多く執筆している。しかし，1992年には，ここでは映画を作れないとあきらめて，福建映画制作所には何も断らずに辞め，1人で北京へ向かった。

3　第6世代監督

　中国の映画監督は通常世代で分けられているが，必ずしも厳密な分け方とは言えない。一般に，映画史の第1–第3期間で活躍していた監督をそれぞれ第1–第3世代と呼んでいる。第4世代は，第5期間中の前の5年間程度の，いわゆる回復期にデビューした監督を指している。その後，1980年代中期から興り始めた新しい発展の時期において，リアリズムが映画制作上の方法論の主流になっていった。これらの作品は生活への掘り下げの深さ，広さを反映し，題材，風格，形式の多様化を実現し，映画の表現手法を模索したり，革新したりする面では，かつてないレベルに達した。この間に，「第5世代」の映画監督といわれる張芸謀，陳凱歌，黄　建　新[5]らの輩出は，国際映画界で注目されるところとなった。
ホァン・チェンシン
　第5世代の登場が世界を驚かせて，改革開放による政治体制の変遷と相俟って中国映画もまた変遷してきた。映画は天下国家を論ずるものだった時代から，極私的な身の回りの世界まで描く時代が到来した。
　1990年代から2000年代初めにかけて，王小帥，張　元[6]，賈樟柯[7]たち，1960，70年代に生まれ，映画学院を卒業した映画監督が，次々に作品
チャン・ユェン　　ジャー・ジャンクー

---

5)　主な作品に，『黒砲事件』(1985)，『輪廻』(1988)，『張り込み』(1996) がある。
6)　主な作品に，『広場』(1994)，『インペリアル・パレス』(1996)，『ただいま』(1999) がある。
7)　主な作品に，『小武 (一瞬の夢)』(1997)，『プラットホーム』(2000)，『世界』(2004) がある。

を発表して，中国映画界の第6世代の監督となった。彼らの世代のデビュー作品は，張元が1990年に監督したインディーズ映画『妈妈（ママ）』であり，この作品の脚本は王小帥が書いている。この映画は，1993年のベルリン国際映画祭で青年審査委員賞を受賞した。

　第5世代監督の田　壮壮(ティエン・チュアンチュアン)は，中国映画のジャンルについて，「まるで1人っ子のようで，かわいそうです。記録映画，アニメ，ホラー映画，コメディ，SF映画は，ほとんど存在せず，兄弟姉妹がそろっていない。どんな芸術も孤立して成長することはできません」と語っている。第6世代監督は，中国映画のジャンルを多様化し，表現技巧をさらに豊かにしたのである。

　前の世代は，国家の予算で映画を作ることができた。しかし改革開放で次第に市場経済が優先されるようになり，その後に登場してくる第6世代は，独力で資金を調達することを余儀なくされている。賈樟柯は映画を取り巻くそのような状況を次のように述べている。

> 自由競争の時代に突入して，インディペンデントで映画を作るということは，役人や官僚に管理されないことを意味するわけですが，それだけに官僚などから，もしかしたら有害な思想を持っているのではないかと思われたりするという難しさはあります。また，経済改革の進展に伴なって，映画産業や商業映画があらためて見直されるようになったとき，マスメディアがインディペンデント映画は無価値というようなレッテルを張り，観客に先入観を植え付けることによって，押し潰されかけたこともありました。（大場正明のホームページ（http://c-cross.cside.com）を参照）

　1995年には，中国映画史上初のインディペンデントの映画監督の集団である「若手による実験的映画グループ」が，王小帥や賈樟柯などの第6世代によって創設された。

　このように，中国映画監督の中で，第6世代は最も独立精神，開拓精神のある世代とも言えよう。

　王小帥は，中国第6世代映画監督のなかでも，最も才能のある監督の1人として世界的に注目されている。1993年のデビュー作『冬春的日子（The

Days)』は，自分で 10 万元（約 150 万円）の資金を調達して撮ったものである。その後，たくさんの作品を制作したが，そのほとんどは中国映画審査を通らず，中国では上映が禁止されていた。

4　王小帥の主な作品

つぎに，王小帥の主要な作品を制作年順に紹介していきたい。

『冬春的日子（The Days)』（1993 年，黒白，75 分）
　　ギリシア・テサロニキ映画祭グランプリ。
　　イタリア・タオルミナ映画祭監督賞。
　　1999 年に，イギリス BBC「映画誕生 100 周年―― 100 本の名作」に唯一の中国映画として入選した。

　主人公の冬（ドン）と春（チュン）は 16 歳から同じ学校で勉強し，同じ大学に進み，美術を専攻して，卒業後，同じように母校の大学に勤めている。その間に 2 人は恋愛し結婚した。まともな家をもっているわけではなく，大学の宿舎に住んでいる。同じ環境でずっと生活してきたので，まだ若いのに，2 人の生活は，まるで老夫婦のようである。日々，絵を描き，絵を売っているが，生活には倦怠感が漂い，セックスも義務のようになっている。春はこの「監獄」のような環境から脱出しようと，アメリカへの留学を目論んでいる。冬のほうは将来を暗く感じて，深い失望と倦怠に陥っている。春が思いがけなく妊娠したことから，2 人の関係は再び親密になるが，中絶し，2 人は冬の実家へ行った。新しい環境で新しい希望が生まれたかのように 2 人は錯覚したが，まもなく新たな衝突が発生し，春は 1 人で帰り，アメリカへ旅立っていった。冬は 1 人で，元の生活に戻ったが，しばらくしてノイローゼになってしまう。
　主人公の冬と春を演じている劉 小 冬（リュー・シャオドン）と喩 紅（ユー・ホン）は，王監督の北京中央美術学院附属中学校時代の同窓生であり，親友でもある。2 人が実際に画家であることも，この映画を成功させた 1 つの要因であろう。この映画は，わずかな予算で，週末に，主演の 2 人の家などを使って撮影されたものである。将

来に展望の持てない無名のアーティストの閉塞的な状況をありのままに描いている。自分の身近な題材を映画にすること，脚本を自分で書くことなども，第6世代の特徴の1つである。このような映画は「作家映画」とも呼ばれている。

『極度寒冷 (Frozen)』(1997年, カラー, 95分)
　　　1997年ロッテルダム映画祭審査員特別賞。
　　　イタリア・リミニ映画祭準グランプリ。

　この作品は，前衛芸術家のパフォーマンス・アートをテーマにした作品である。前衛アーティストの斉雷（チー・レイ）は，自らが企画した死に関する一連のパフォーマンス・アートを4つの季節にそれぞれ行なっていく。立秋の日には土葬，冬至に溺死，立春に火葬を演じ，夏至には，自らの体を巨大な氷の塊の上に寝かせ，本当の氷の葬式を行ない，そして死んでいく。この映画は実話に基づいているが，このようなショッキングなテーマを表現した映画は，中国映画史上初である。映画は，1994年に制作されたが，中国政府に公開を禁止され，監督の名前も本名の王小帥ではなく「無名」を使っている。

『扁担・姑娘（ルアンの歌）』(1998年, カラー, 90分)
　　　1999年カンヌ国際映画祭「ある視点」部門正式出品。

　1980年代末の中国は，改革開放政策による経済の急激な変化によって，多くの人々が富を求めて地方から都会へと出てきた。東子（トン・ツー）と高平（ガオ・ピン）も同様に，夢を求めて同じ村から都会（武漢）へやってきた。東子は，地道に天秤棒で荷物を運ぶ仕事（扁担）をしている。1回運んで2元である。同郷の先輩である高平は「都会でも田舎と同じ事をしていてはだめだ」と言い，結局，犯罪に手を染めるが，一緒に仕事をしたヤクザに裏切られて，金を手にすることができない。そして，そのヤクザの行方を知るベトナム人のクラブ歌手，阮紅（ルアン・ホン）に近づく。
　高平は，裏切り者のヤクザに近づくために，東子とナイトクラブで働く阮

紅を誘拐する。阮紅はヤクザのボスの情婦だったのだが、高平と阮紅はそのことをきっかけに恋人同士となってしまい、彼らの行動が東子を刺激するようになる。高平はヤクザを見つけ、ヤクザのボスとも争いを起こして、姿を隠してしまう。

東子は、以前と同じ場所で働いていたが、警察とヤクザの両方が高平を探しているのを見て、彼の身に何かが起こったことを知る。ある雨の夜、阮紅が東子の家に現われる。高平と待ち合わせて、街を出ていくつもりだったようだが、結局、高平らは現われなかった。その後すぐに、阮紅が働くナイトクラブも警察の手入れを受けて、彼女も警察に連行されてしまう。高平は東子に別れを告げるために、彼の家に寄るが、ヤクザのボスに見つかってしまい、殺されてしまう。

数か月後、阮紅が、東子の前に現われた。高平を忘れられずにいる彼女だったが、東子が彼女の歌をナイトクラブで録音したテープを聴かせると、彼女の顔にやっと笑みが戻ってくるのであった。

英語題名"So Close to Paradise"というように、主人公たちは田舎者で都会（武漢）人になりたいが、なかなかうまくいかない。パラダイスは近くにあるようで、無限に遠い。

『17歳の単車（Beijing Bicycle）』（2001年、カラー、108分）

2001年ベルリン映画祭審査員大賞（銀熊賞）。
主演の崔林、李濱は、新人男優賞を受賞した。

この映画は、イタリア映画でヴィットリオ・デ・シーカ監督の『自転車泥棒（The Bicycle Thief）』(1948)の中国バージョンだとも言われている。

田舎から仕事を探しに出てきた阿貴は、商品や文書を自転車で配達するエクスプレス・サービスに就職した。会社指定の仕事用の高級自転車を、ローンで、ようやく買い取ることができたのだが、その日に自転車を盗まれてしまう。自転車は、闇市場に転売され、北京の高校生、小堅のものになった。

自転車がなければ仕事ができず、クビになってしまうので、何としても自転車を見つけ出そうと決意した阿貴とその自転車を手にした小堅の間で、激

しい争いが繰り広げられた。

　他方，小堅の境遇もあまり恵まれていない。自転車欲しさに親の金を500元盗んで，闇市場で阿貴の盗まれた自転車を買った。この作品で，小堅は，意地の悪い少年として描かれているように見えるが，その本質は小心で貧しい少年である。小堅は，自分の惨めな境遇に対して強く反抗している。小堅が自転車を欲しがったのは，仲間はずれにされたくないためと，クラスメイトの女の子の気を惹くためであったが，自転車があっても，結局その2つの目的は達せられず，仲間はずれにされたり，彼女を元の仲間にとられたりしてしまう。

　最後には，阿貴と小堅の間に友情も芽生えたが，2人とも暴力事件に巻き込まれ，自転車もぼろぼろになって，救いようのない結末に至ってしまう。

『二弟（Drifters）』（2003年，カラー，120分）
　2003年カンヌ映画祭「ある視点」部門正式出品。

　福建省出身の二弟(エアー・ディ)は，アメリカでの成功を夢見て，数度の失敗を経て，ついに密航を成功させた。二弟は，アメリカで，同郷の出身で，ボスの娘である女性との間に子供を作ったが，ボスの怒りを買い，強制送還させられてしまう。故郷の福建省の海辺の町で鬱々と生活してる二弟だが，相手方の家族が，5歳になる自分の子供をつれて，里帰りで帰国することを聞く。子供と会うことは許されない二弟は，子供の誘拐を試みる。主人公の二弟は，寡黙なキャラクターで，なぜ密航を企てたのか，何を考えているのかを理解するのは難しいが，王監督は，その苦悩を淡々と描き出している。

『青紅（Shanghai Dreams）』（2005年，カラー，120分）
　2005年カンヌ国際映画祭審査員賞受賞。

　この映画は，1980年代初期の中国地方都市の出来事を描いた作品である。ヒロインは，19歳の女の子，青紅(チンホーン)である。青紅の家庭は，当時の典型的な，（自国内の）移民家庭である。60年代，工場の内陸移転に伴なって，一家は，

沿岸部の大都会である上海から内陸の辺鄙な土地である貴州に移住させられることになった。当時，これは国の政策として「三線建設の支援」と呼ばれていた。

　その後，20年の歳月が経った。当初は，戦略的意義を持っていた工場移転の意味も次第に失われていった。この辺鄙な土地で，生涯を終えるしかないと覚悟していた人々も，80年代という社会の転換期に乗じて，故郷である上海に戻ろうと，さまざまな努力を開始する。上海に住めば高い所得を得られる可能性があり，また，子供たちの将来のためにも，絶対に帰らなければならないというのが，親たちの心境である。青紅の父親もその1人であった。

　しかし，青紅には，両親の願いはよく理解できない。彼女とその友人にとって，貴州こそが生まれ育った土地であり，人生のすべての思い出がここにある。子供の頃からの友人もいれば，初恋のボーイフレンドもいる。青紅の相手は，地元の農家の青年で，アルバイトで工場に働きに来た小根(シャオゲン)であった。

　青紅を好きな小根は，真っ赤なヒールの靴を買い，青紅の学校の机の中に秘かに置いて，彼女にプレゼントする。しかし，靴を履いて友人に見せているところを父親に見つかってしまう。青紅は靴を履いて，父から逃げ去っていくが，家に帰ると，父は青紅の靴を投げ捨てて，娘をしかる。娘には上海に戻って，大学に入学してもらいたいと思っている父にとって，地元の青年との恋など，けっして認められないものだった。

　青紅の交際は，一家がそろって上海に帰るうえで大きな障害になる。青紅の父親は娘の行動を厳しく監視し，あらゆる手を使って，娘の交際を潰そうと決意する。

　小根は，上海へ一家で移ることを話した青紅と無理やりに肉体関係を結んでしまうが，青紅の父の告発によって強姦罪で逮捕され，死刑に処せられてしまった[8]。青紅は自殺未遂の後，鬱病になってしまう。

　この作品で，監督の王小帥は，両親，特に父親と娘の心理的な葛藤，青紅

---

8)　当時は，法律が整備されていないので，求刑が過重なケースがしばしばあった。

の揺れ動く心，青紅に思いを寄せる小根の不器用で一途な心，などをていねいに描いている。王小帥は，前述したように，生まれてすぐに，母の転勤のために，貴州に引っ越している。したがって，この作品は，監督の少年のときの体験を映画化したものとも考えられるが，王は，そのことを否定して，インタビューのなかで，つぎのように述べている。

　記者：『青紅』の中には，ご自身の投影はありませんか。
　王小帥：私個人のものは，ほとんどありません。というのはさきほど言ったように，13歳で貴陽を離れ，それより前は本当にとても楽しく，父と一緒に農村に行って，遊んだり，絵を描いたりしてとても楽しかったです。『青紅』のように残酷ではありませんでした。……しかし，私が貴陽に戻った時，多くの同級生からいろいろ聞いたのです。彼らの多くは上海に帰ったり，福州に行ったり，あるいはそこにとどまったりしていました。私の小学校の同級生はとても不思議で，中国全体を見てもこんなのは見つからないでしょう。1年生からずっと一緒の同窓生がいつも連絡を取り合って，よく一緒に集まるんです。多分こんな特殊な生活経験があったからでしょう。この映画は主に彼らの物語で，彼らは恋愛をし，結婚し，過ちを犯し，親の仕事が変わるといった生活を描こうと思っています。……非常に長い時間がたちましたが，消えてしまったものではないと考えています。(網易 NETEASE (http://www.163.com) のインタビューを参照)

またこの作品は，「三線」労働者に関するものであり，その点について，2006年3月14日に行なわれた中国電影資料館における大学生との質疑応答のなかで，「『青紅』という作品は「三線」労働者についてのものであり，王小帥も小さかった頃，彼の父親の世代をとおして，「三線」労働者を見てきた。作品中の青紅の弟に，当時の監督自身の面影がある。作品名を「青紅」としたのはそれが明快で，口にしやすかったからであり，実際には本当の主役はこの少女ではなく，青紅の父親である」と語っている。
　さらに，『青紅』撮影の前に，実は，『我11（僕は11歳）』という，11歳

の少年の目から「三線」労働者の生活を見る映画をつくる計画があったことを語っている。

『左右（In Love We Trust）』（2007年，カラー，115分）
2008年ベルリン映画祭銀熊賞（脚本賞）。

「血液の病」に侵された娘の命を救うためには，治療に必要な近親者の血液幹細胞を採取することが必要である。そのために，両親は，新しい子どもを作り，その新生児のへその緒の血を利用しようとするという物語である。

子どもを救うために，子どもを産むという手段も矛盾した前提なのだが，この映画がさらに問題作と言われるのは，この両親がすでに離婚し，それぞれに幸福な再婚をしているという設定だからである。かつて愛した相手とは言え，いまは他人なのに，子どもの命を救うために現在の愛に背くような苦しい究極の決断をそれぞれの登場人物が下さなくてはならない。王監督は，結末をどのようにするかについて，何度もスタッフと議論を重ね，いく通りかの答えを用意したそうである。

5　1980年代の中国の社会と文化

1980年代初頭は，中国社会の転換期である。それまでの中国の生活水準は低かったが，社会主義計画経済のシステムの下で，人々はそれなりに平等で安定した生活を送っていた。1978年に始まった「改革開放」政策は，社会に大きな変化をもたらした。この時期の社会の様相は非常に複雑で，ここでは詳細に展開して説明することはできないが，映画と関連した事柄について考察することにしたい。

中国の戸籍制度，都市と農村の格差，1960年代の移民政策，改革開放政策などについて，まず考えていく必要があるだろう。

戸籍制度とは，1949年に成立した，中国で実行されている計画体制の一環である。すべての国民には戸籍があり，大きく分けると農村の戸籍と都市の戸籍に区別されている。この戸籍制度によって人口の移動が厳しく制限さ

れていた。特に農村から都市部への移動は不可能となっていた。もちろん農村と都市部の経済的な格差が非常に大きいため、農村と都会では生活水準においては雲泥の差がある。

　もう1つのキーワードは「二元構造」である。農村と都市部が、それぞれの発展政策を採っていたということである。当時、「8億の農民が2億の都市人口に飯を食わせている」といわれていた（温 2005）。国内の限られた資源は、ほとんど都市部の工業化の発展に傾斜していたのだ。前述のように、1980年代以前の中国人が安定した平等な生活を送っていたというのも、実は、この「二元構造」を前提としていた。要するに、戸籍制度は「二元構造」を維持し、人口の都市部への移動を制限する役割を果たしていたのである。

　今でこそ、「大失策」との定評があるが、1960年代にはその逆の人口移動、すなわち都市から農村への移民政策が行なわれていたのである。ここで取り上げた映画に描かれた工場の内陸移転に伴なう移民のほかに、都市部の中学校卒業生を農村に行かせる運動、いわゆる「知識青年の挿隊」運動も繰り広げられていた。1960年から1970年にかけて、1200万人以上の都市部の人々が農村へ移動したといわれている[9]。1980年代以降、これらの都会人の移民は次第に都会に帰ってきたのだが、この時代の変革のなかで、さまざまな人間ドラマが展開されている。『青紅』の悲劇も、その一例に過ぎない。

　文化の面では、80年代は、中国の「ルネサンス」時代とも言えよう。改革開放政策により、多くの西洋文化が洪水のように侵入してきた。テレサテンの歌、ラッパズボン、ロック音楽、ディスコなどは風紀を乱すものとして大人からは危険視されたが、青年たちにとっては魅力的だった。かつて政府に資本主義の退廃的な文化として禁止され批判されたものも、いつのまにか、中国社会で市民権を得るようになったのである。

　1980年代は、中日友好の「ハネムーン」時代とも、「黄金時代」とも言われている。日本からのODA（政府開発援助）、日本企業の投資、日本の家電製品や自動車などの中国市場への進出が進むとともに、日本の文化も流入

---

9) 百度百科（http://baike.baidu.com/view/24801.htm）を参照。

してきた。

　今までの単調な表現手法で，政治を強調しすぎる中国映画とは違ったスタイルの日本映画が，大変な人気を呼んだのである。この時期に入ってきた映画としては，『君よ憤怒の河を渉れ』（高倉健・中野良子主演），『人間の証明』（森村誠一原作），『砂の器』（松本清張原作），『遙かなる山の呼びかけ』，『愛と死』（栗原小巻主演），『男はつらいよ』シリーズなどを挙げることができる。テレビドラマでは，『赤い…』シリーズ（山口百恵主演の『赤い疑惑』など），『おしん』，『燃えろアタック』などの視聴率が格段に高かった。

　ジェームズ・ラルは，日本のテレビ番組が中国で影響をもった理由を『おしん』を例にとって次のように説明する。

> 日本の文化が全体的に中国と似ていること，それに日本人と中国人の体型が似ていることもあって，日本の番組の映像は欧米のそれとは大きく違って中国人に解釈される。文化的に共鳴する部分があるだけに，日本人の暮らしぶりとの比較に中国人はより熱心である。たとえば『おしん』では家族の団結を保つことと逆境に打ち勝つために必死に働くことの二つが非常に強調されているが，これは中国文化の価値観でもある。意思決定のされかた，男女，子供の言葉使い，感情の表しかたといった，時には言葉にも出されない心使いとしか名づけようのないメッセージの伝えかたも両国間の文化的共通性を高めている。『おしん』は欧米の番組の影響力は日本の番組に及ばないことを示すもっとも顕著な例だと言えよう。（ラル 1994，277頁）

　そのほかの文化商品といえば，漫画やアニメーションでは，『鉄腕アトム』，『一休さん』，『ドラえもん』などが，少年少女たちの絶大な支持を得た。音楽では，欧米の流行歌が流入し，日本の歌も，千昌夫の「北国の春」，谷村新司の「昴」などは，一時のコンサートでは，必ず歌われる曲となったほどだった。これらの日本をふくめた外来の文化は，中国文化に新風を吹き込み，中国文化の変容を促した。

6 『17 歳の単車』と 21 世紀初頭の中国社会・文化

　改革開放政策は，20 数年を経て大きな成果を収めたが，貧富の格差は，依然として開いたままである。今，社会で大きな関心が寄せられているのは，都市部農民労働者と都市部出身の「負け組」たちである。

　最近の調査では，現在の貴州省の平均収入は，上海の 1990 年代のレベルに過ぎないということである。都会と農村の 1 人当たりの収入比は，1995 年では，2.5 対 1 だったが，現在 3.21 対 1 であり，もし都市部の医療保険や失業保険などを総合的に考えると，5 対 1 になってしまう（胡 2005）。

　中国には現在 13 億の人が居て，その 60％が農村人口（1960 年代は 90％，80 年代は 80％）になっている。農業従事者の労働力は余っている。農村人口から，農業に必要な労働人口を差し引くと，なんと 2 億人ほどの農民余剰労働者があると言われている（温 2005）。彼らは都会へ出稼ぎに行かないと生活し難くなっている状態である。戸籍制度は最近では，人口移動を拘束する働きが弱まっているので，農民労働者の都会への就職は可能となったが，彼らの仕事は労働条件が悪く，都会人のやりたくない仕事ばかりである。ほとんどが，3 Ｋ（危険，汚い，きつい）といわれる仕事をしている。粗末な建物に住み，いつ失業するか分からないという不安定な生活をしているため，一部の農民労働者は生活苦に追い詰められて窃盗犯罪に走ってしまうこともある。『17 歳の単車』で阿貴の自転車が盗まれたことにも，そういう背景があるわけである。

　また，阿貴が出稼ぎのため上京したのもこうした社会状況に起因している。この映画の最後，ぼろぼろになった自転車を担いだ阿貴が茫然と立ち尽くすシーンを見て，われわれは，都会に出稼ぎにきた若者の将来を憂慮する気持ちにならざるをえない。

　一方，都市部では，国有企業改革によって大量の失業者が出たりして，多くの「負け組」が現われてきた。医療保険制度の不備や住宅価格の急騰などにより，「負け組」の生活がさらに不安定になってしまっている。小堅の家庭も都会部で生活の余裕がない負け組といえる。

表 1　第 6 世代監督に対するアンケート——映画とは芸術か市場か

質問事項	答えとその人数		
映画制作の目的は？	受賞のため	売り上げのため	両方とも
	6 人	3 人	1 人
あなたにとって映画は？	楽しみである	職業である	両方とも
	6 人	1 人	3 人
映画はいったい何なのか？	芸術的なものである	商業的なものである	両方とも
	7 人	0 人	3 人

出所：任（2004）

　文化の面では，映画などのような商業文化が，グローバル化の進むなかで，ほとんど世界に同調してきたといえよう。世界の工場といわれる中国は，文化商品の輸入大国になっている。映画はハリウッドから，アニメーションは日本から，テレビドラマは韓国から入ってきており，それぞれが中国市場で大きなシェアを占めている。

　近年，テレビや DVD の普及により，映画館へ行く人はだんだん減ってきている。特に，中国映画を見に行く人は少ない。興業収入の高い映画は，そのほとんどが商業的な映画で，芸術的な映画は売れていない。

　海外では評判が高い第 6 世代の映画監督も，国内では名が知られていないのが現実だ。その主な原因として，個性的な作品と中国の映画審査制度の関係を挙げることができる。

　『中国映画』という雑誌は，2004 年に王小帥を含め 10 人の第 6 世代の監督に対し，**表 1** のようなアンケート調査を行なった。

　この調査結果でわかるように，彼らは，芸術的で個性的な面を重視しているといえよう。海外の映画祭で受賞を目的とするのは芸術性や個性とは一見矛盾しているようだが，前述したように，第 6 世代の監督ほとんどは，独立制作（インディペンデント）をしているからである。そこで，海外からの資金で作った作品が多くなることになる。無論，自分の納得のいく作品を作ることができるが，その代価としては，国内の審査にかかってしまい，国内での上映が禁止される場合がしばしばである。一方，受賞すると，海外では売

れることになり，投資側にリターンが出てまた投資してくれるので，映画制作を続けることができるというのが本音であろう。

　王小帥の映画は一貫して芸術的で精神的なものを追求しているといえよう。彼の映画の視点はいつも知識人の目から，人間の精神を冷静に，ユーモアに富んで描いている。彼の映画は，今までの世代の映画監督が表現できなかった，中国の社会現実を表わすことができたといっても過言ではない。2005年11月にアメリカの *Business Week* 誌によって王小帥は，文化・芸術部門において，ただ1人「アジアのスター」として選ばれた。王監督は映画という方法で中国人の生活の態度を変え，無限の希望をもたらす人物だと評価されている。

　Business Week 誌の審査委員会は次のように受賞の理由をつぎのように説明している。「王小帥が当選したのは，『青紅』がカンヌ国際映画祭で受賞されたためだけではなく，この12年来，映画界で努力に努力を重ね，その芸術風格が社会に影響を及ぼしたことに対する評価でもある。王小帥は自分の映画をもって，ある国の人々の生活と観念を変えた人物である」。

　2005年4月に『青紅』は，映画審査にパスして，初めて合法的に海外映画祭へ出品した作品になった。その後，『17歳の単車』も『自転車』という名前で解禁された。

　中国ラジオテレビ映画総局映画局の責任者は，2008年1月18日，北京で，「若手映画監督支援計画をスタートさせ，賈樟柯，王小帥，張　揚など16人の若手監督を初めての支援対象に選んだ」ことを明らかにした。この支援計画をスタートさせる目的は，若手監督が優秀な映画作品を製作することを励ますためであり，計画に選ばれた監督が次に製作する映画に50万元を支援するという[10]。

7　おわりに

　以上，王小帥の映画の解説とその背景の解析から，中国の社会・文化の変

---

10)　中国国際放送局ホームページ（http://japanese.cri.cn/index.htm）を参照。

容の一端を覗いてみた。近年，中国の発展は，世界の注目を集めている。しかし，経済の高度成長は，必ずしもすべての人々に利益を公平にもたらすとは限らない。持続的な発展が可能な福祉社会の構築に関して，中国は日本と韓国に学ぶところが多いであろう。

　一方，経済がある程度発展してくると，文化の重要性が浮き彫りになってくる。新しい文化の創造は，経済や社会の持続的な発展に貢献できると思う。

　最後に，『青紅』が審査を通過してからの記者会見における王小帥の言葉を引用して，この章を締めくくりたい。記者からの「これから体制内の路線に乗っていきますが，作品には，束縛されたり妥協したりするところはないでしょうか？」との質問に対し，王はつぎのように答えている。

　　妥協はしないです。これは社会の進歩です。

■参考文献
夏衍編 1991『中国大百科全書・映画』中国大百科全書出版社
李文 2004『日本文化在中国的伝播与影響』中国社会科学出版社
任家瑜 2004「今日的中国电影──艺术还是市场」胡以申等編『文化──国際大都市的霊魂』上海社会科学院出版社
温鉄軍 2005『三農問題与世紀的反省』三聯書店
ラル，ジェームズ 1994 田畑光永訳『テレビが中国を変えた』岩波書店

第8章　中国ロックと中国社会

ファンキー末吉

1　中国ロックの誕生

　長い暗黒の時代であった文化大革命が1976年に終わりを告げ，1978年に鄧小平が「4つの近代化」を掲げ，中国の体制を市場経済へと移行していったために，中国社会にはこれまで聞くことが出来なかった多くの外国の文化が流れ込んでくることとなった。それまでの中国の音楽は毛沢東を讃える歌に代表されるような革命を推進する音楽しかなかったが，その外国から流れ込んでくる文化の中にビートルズに代表されるような西洋のロックミュージックがあったことが，後に中国にロックが生まれる大きな土壌を作ることとなる。

　1986年5月9日に中国ロックの歴史が始まったと言われている。
　北京工人体育館で連合国国際平和年を記念して第一届百名歌星演唱会（ディーイージエバイミンガーシンイェンチャンホエ）（第1回100人歌手コンサート）というイベントが開かれ，そこに崔健（ツイジェン）という歌手が参加した。壊れたギターを抱え，ジーンズの両足の長さが揃っていないような小汚い格好で舞台に上がった1人の若者に，観客は最初は何事かと思っていたが，彼が歌うオリジナル曲「一无所有（イーウースオヨウ）（何も所有していない）」を聴いた瞬間に，その新しいリズム，歌詞，アプローチ，今までの中国にはなかったまるで新しい音楽に大きな感動を覚えた。中国ロック誕生の瞬間で

ある。

崔健(ツイジェン)は1961年に朝鮮族の両親の間に生まれた。

父親はトランペット奏者，母親は朝鮮族舞踏団という音楽一家である。この時代のロックミュージシャンのほとんどが音楽関係に従事する家庭の子供であるというのは，実は文化大革命の影響も少なからずあるであろう。自分自身が音楽でこの文化大革命の嵐を乗り切って来た両親が，子供の将来のために音楽を教えるというのも当然の流れであろうからである。

例にもれず，彼も父親からトランペットを教わり，1978年頃から北京交響楽団のトランペット奏者として仕事を始め，1981年には北京歌舞団のトランペット奏者となる。鄧小平が推し進める経済開放政策の真っただ中である。文化大革命の頃にはあり得なかった海外からの留学生や旅行者との自由な交流の中で，彼らが持ち込んだカセットテープで初めて洋楽を聞いた彼は，それからギターを弾き始め，歌を歌い始めた。

そのような若者は中国でもたくさんいた。

1979年に萬马力乐队(ワンマーリーワンユエドウイ)というバンドが北京第二外国語学院の学生達により結成され，ビートルズや，ビージーズ，ポール・サイモンなどのコピーバンドとして活動を始めたのが北京最初のバンドだと言われている。

また，1980年10月22，23日には天津の天津第一工人文化宮で開催された"第一回中日友好音楽祭"にゴダイゴが出演，これが名実ともに中国で初めて行なわれたロックコンサートであり，このことが中国ロックに与えた影響も大きいと言える。

翌年8月にはアリスが北京の北京工人体育館で日中共同コンサート"ハンド・イン・ハンド北京"を開き，このことも中国ロックには大きな影響を与えており，1984年に結成された初めて電気楽器を使うバンド「不倒翁乐队(ブーダオウォンユエドウイ)」は，アリスや谷村新司など日本の歌のカバーが中心だった。後にこの「不倒翁乐队(ブーダオウォンユエドウイ)」のメンバーは中国ロックを牽引する大きな存在になってゆく。

また北京に在住している外国人が中国ロックに与えた影響は大きい。1983年末に結成された外国人バンド大陆乐队(ダールーユエドウイ)のメンバーなどは，後に崔健(ツイジェン)と共に活動し，その音楽を一緒に形作ってゆくこととなる。

第8章　中国ロックと中国社会

その当時はまだオリジナルのロックは存在せず，中国に中国人による中国語の初めてのオリジナルを生みだした人間こそが崔健(ツイジェン)であり，そして彼が突出していた能力はその制作能力の高さであった。ロック，ジャズ，ファンク，ラップ，いろんな洋楽の要素に彼は中国民族音楽の要素を入れてその独自のスタイルを築いている。その音楽性は海外でも評価が高い。それは中国にロックが入って来た時の特殊な環境にも由来していると考えられる。

ロックとテレサテン
　日本やアメリカではロックが長い歴史の中で徐々に発展していったが，中国では経済開放政策のおかげでロックもジャズもテレサテンもいっぺんに同時に入って来た。テレサテンなどは中国ロックに最も大きな影響を与えた歌手であるとも言えよう。後にロックミュージシャンたちが集まって彼女の追悼アルバムを作ったりもしている。
　ロックとテレサテンという2つのまるで異なる音楽は，中国という特殊な環境の中で奇しくも似たような運命をたどってゆくこととなる。
　1983年ごろ鄧小平は，経済開放政策の副産物として外からとめどもなく入って来る政府に悪影響のあるものを取り締まるべく「精神汚染批判キャンペーン」を始め，テレサテンの音楽は「靡靡之音(ミーミージーイン)」と呼ばれ，「ブルジョア的な思想や風俗に傾斜する退廃的な音楽」としてそのやり玉に挙がったのである。
　テレサテンのテープを持っているだけで所属している単位(ダンウェイ)から給料を減らされたり，財産を没収されたりというほど厳しい取り締まりであったが，中国政府が期待しているほどその成果は上がらなかった。当時中国大陸で2億個とも言われるほど出回っていた彼女のカセットテープを根絶やしにすることは到底不可能で，「上有政策下有対策(シャンヨウジョンツアーシャーヨウドウイツアー)（上に政策あれば下に対策あり）」という言葉が示すように，人民は隠れて彼女の歌を聞き，口ずさみ，愛し続けた。

西北风ムーブメント
　その数年後に生まれた中国ロックも後にこのような運命をたどるのである

が、その時点では中国政府はロックを「危険なもの」という意識を持っていない。崔健（ツイジェン）も「ちょっと変わったスタイルの音楽をやる流行歌手」といった立場で、1987年頃から始まった「西北风（シーベイフォン）」と呼ばれる中国西北部、黄土高原地帯の民謡を現代風にアレンジしたスタイルの大流行に乗り、一无所有（イーウースオヨウ）という曲もその代表曲の1つとして中国全土に大流行してゆく。その大流行は1989年まで続き、その流れに乗って崔健（ツイジェン）は1988年1月、北京中山音楽堂で初めてのソロコンサートを開き、同年ソウルオリンピック前夜祭特別番組の世界中継のテレビの中で、一无所有（イーウースオヨウ）を歌う。翌年2月、ファーストアルバムとなる「新长征路上的摇滚（シンチャンジョンルーシャンダヤオグン）」を発売し、3月には北京展覧館でソロコンサートを開き、これが中国で初めての大舞台でのソロロックコンサートとなる。

　大流行となった西北风（シーベイフォン）ムーブメントも中国流行歌のすべてがそのようなスタイルになってしまい飽きられて終わってゆくのだが、そうして消えて行った多数の西北风（シーベイフォン）スタイルの楽曲に反して、一无所有（イーウースオヨウ）だけが違った運命を歩んでゆくことになる。その大きなきっかけとなったのが1989年6月に起こった天安門事件である。

天安門事件と一无所有

　天安門事件は民主化を求めて立ち上がった学生たちを中国政府が武力で鎮圧したという解釈をされているが、いろんな方向から物を見ると必ずしもその一面だけの事件とも言い難い。別の方向で見ると、妥協点を放棄して最後まで居座った学生たちを非難する声が聞こえて来たりもする。政治的思想もなく面白半分で参加している学生もいるだろう。その学生たちは、その時広場で彼らが愛唱していた一无所有（イーウースオヨウ）という曲を反体制のメッセージソングとして歌っていたわけでもなく、また「俺たちは何も所有してない」というメッセージを、必ずしも反共産党の意味合いとして歌っていたとも限らない。

　しかし日本も含めた西側諸国のメディアは、こぞって崔健（ツイジェン）を「反体制の旗手」として報道した。一无所有（イーウースオヨウ）はそれにより見事なまでに「自由を求める若者を代表するメッセージソング」にされてしまったのだ。

　「ロックはメッセージ」と言うが、私はそれもロックのただの一面である

と思っている。歌詞というものはその性格上多面性があり，聞き手にいろんなイメージを湧き起こさせるように作るものである。この歌詞に出てくる「何も所有してない男」が中国人民を表わしていて，その男に求愛されて「だってあなたは何も持ってないじゃない」とそれを相手にしない女は中国政府を表わしているというのは，とどのつまりにはその詞を「そのように解釈した」という聞き手の問題であり，果たして作者がどのような意図があってそれを作ったかということは作者にしかわからないことだし，またそれを知ることは音楽を聴くということに対して何の意味も持たない。

　確かに彼の曲には西側諸国のメディアが喜びそうなメッセージが見え隠れする。

　たとえば一块紅布（イークアイホンブー）という曲では

> 女が男に赤い布で目隠しをする。
> 「何が見える？」と聞かれて男は「幸福が見える」と答える。
> とても気持ちがよく，自分がどこにいるのかもわからない。
> 女は尋ねる。「どこに行きたい？」。
> 男は答える。「あなたの行くところに」。
> 女は尋ねる。「何を考えてる？」。
> 男は答える。「あなたが主で私は従だ」と。
> ここは荒野ではないと男は感じる。
> たとえそれが既に干からびてしまってても，自分にはそれを見ることが出来ないから。
> 男は渇きを覚える。女はその口を優しくふさぐ。
> 僕はもう歩けない。僕はもう涙も出ない。身体はすっかり干からびてしまったから。
> でも僕はずーっとあなたに着いてゆく。だって一番苦しいのはあなた自身なのだから……。

　この曲を演奏する時，彼はステージの上で真っ赤な目隠しをしてトランペットを吹く。赤とは共産党の色である。中国政府が彼を徹底的に弾圧するよ

うになるのに時間はかからなかった。政府はロックというものを精神汚染音楽だと捉え，すべてのロックミュージシャンはその演奏の場を失ってしまった。

2 中国ロックの黎明期

　この頃には既にいくつかのロックバンドが生まれていた。スラッシュメタルバンドの超載(チャオザイ)やプログレッシブメタルの唐朝(タンチャオ)，女性バンドの眼鏡蛇(イエンジンシャー)，そして後にこの時代のバンドとしては商業的に一番成功することになる黒豹(ヘイパオ)などであるが，彼らの主な活動場所はPartyと呼ばれるアンダーグラウンドでのロックライブであった。すべての公演施設は国の持ち物であるし，正規の演奏には文化部の許可が必要なのであるから，彼らの活動はけっして楽なものではなかった。

　しかしテレサテンの場合と同じように，この広い中国大陸に住む10億以上の人間の耳と口を塞ぐことはいくら一党独裁の共産党でも不可能なことである。ロックは一大ムーブメントとなり，彼らのカセットテープは海賊版も含め（というよりそのほとんどは海賊版なのだが）何百万本，何千万本，ひょっとしたらその数は億をゆうに超えたであろう。

　なかでも台湾のレコード会社，ロックレコードが製作，販売した黒豹(ヘイパオ)のファーストアルバムは，正規版だけで150万枚の売り上げを記録しており，ロックアルバムとしてのその記録はその後も破られてはいない。

　ロックという音楽はメッセージやムーブメントだけでなく「金を稼げる商品」として中国政府の認識を変えていった。

音楽の役割の変化

　文化大革命の頃は音楽というものは1つの「娯楽」ではなく，革命を前進させてゆく1つの手段であった。戦時中，日本の音楽が戦意を高揚させるために軍部に利用されたのと似ている。

　文化大革命は「封建的文化，資本主義文化を批判し，新しく社会主義文化を創生しようという運動」と言われているが，その実は国民すべてを巻き込

んだ権力闘争であった。結果，毛沢東の個人崇拝が徹底し，人民たちは毛沢東の写真やその文字を軽々しく扱っただけで命を落とすことも珍しくなかった。

　この時代，革命を前進させる音楽とはすなわち毛沢東を讃える歌ということである。「太陽最红毛主席最亲（太陽は最も赤く毛主席は最も親しい）」，
「毛主席的话儿记心上（毛主席のお話は心に記され）」などがこの時代の音楽の種類としては一番代表的なものであった。

　それでも音楽には「娯楽」の一面は必ずあるわけだから，国民たちはこれらの革命歌を愛唱した。いわゆる時代を反映するヒット曲と言えるであろう。国民とはそれがどんな国であろうが，それがどんな時代であろうがいつも音楽に心の安らぎを求めるものである。

　ところがそんな時代が終わり，改革開放がますます推し進められてゆく1991年，「红太阳（赤い太陽）」という，革命歌をロック的なリズムでメドレーにしたカセットテープが発売さた。これは爆発的なヒットとなり，正規版だけで600万本を超え，翌年にはその続編も発売されている。

　初めて電気楽器を使うバンドとして登場した「不倒翁乐队」のメンバーであり，後に「１９８９」というロックバンドのメンバーにもなった孙国庆が数曲歌っていることも興味深い事実であるし，何よりも文化大革命の時代には人民が軽々しく扱うことが出来なかった毛沢東という「神様」を，この時代には自由に商売として扱うことが出来るようになったということが実に大きな変化であると言えよう。

　毛沢東ブームは一大ムーブメントとなった。毛沢東のブロマイドが街角で売られ，交通安全のお守りになるということでタクシーや乗用車のルームミラーにそれを吊り下げて車を運転することが全中国で大流行した。文化大革命の頃なら死罪ものの行為である。

中国ロックと毛沢東

　文化大革命で中国を大混乱に陥れた張本人として，または中国という大国を支配した独裁者として毛沢東の功績を悪く評価する人間は西側諸国には少なくない。また「ロック＝反体制」と言うならば，共産党体制の代名詞のよ

うな毛沢東とロックとは対立してしかるべきだと思うのが自然であるが，こと中国のロッカーたちにとって毛沢東というのは必ずしもそのような簡単な考えで片付けられるものではない。

崔健(ツィジェン)は「新長征路上的搖滾(シンチャンジョンルーシャンダヤオグン)（新しい長征の道のりのロック）」という曲を作り，1989年に同名のファーストアルバムをリリースしている。毛沢東の長征をロックになぞらえたこの曲は，「毛沢東を茶化している」と中国政府の逆鱗に触れたが，果たして崔健(ツィジェン)は中国政府が言うように本当に毛沢東を茶化してこの曲を作ったのであろうか。

歴史の評価というものは必ずしも一面だけがすべてではない。毛沢東は文化大革命という歴史的な大失策をやらかした張本人であることは事実だが，中国を解放した英雄であることも大きな事実である。崔健(ツィジェン)が毛沢東を敬愛し，その長征の道のりを自分のこれから行なおうとするロックに道のりと同じものだと考え，同名のツアータイトルをつけて毛沢東と同じように中国全土をツアーしたと考えても不思議ではない。

西側諸国の中国ロックへの理解度

私と中国ロッカーたちの決して少なくない交流の中で感じることは，西側社会がイメージする「ロック＝反体制」，「ロック vs 共産党」というような簡単な図式で彼らの考えを推し量ることはできないということである。

彼らは中国に住んでいる。日本人のように容易に外国に出ることもできない。また日本人のように安易に「アメリカは正しい」と信じ込むこともできない。

また，天安門事件は彼らの国のことであって，外国人がそれに安易に介入できる事柄ではない。私たちが想像しているよりも彼らはもっとこの事件を深く，そして同時にある意味では軽く考えている。それは日本の安保闘争で熱く戦った戦士たちが今では体制側で仕事をしているのとも似ている。

彼らはここで暮らし，ここの音楽を作り，そしてここで生きてゆく。彼らの「この時代の音楽」は彼ら自身が作り上げてゆくもので，決して外国人が押し付けたり煽ったりできるものでもない。中国のロックを本当に理解しようとするならば，体制や文化の違う国で暮らしながらその物差しで物を測っ

たりしてはいけない。彼らと一緒に暮らしてみなければ永遠に見ることができないものがそこにあるのである。

中国ロックの商業化

　改革開放の旗頭として挙げられた鄧小平の先富論とは,「豊かになれる者から豊かになれ。そして落伍者を助けよ」というもので, これにより中国は資本主義市場経済を導入した中国独特の社会主義を歩むこととなる。「白猫であれ黒猫であれ, 鼠を捕るのが良い猫である」とは彼の好んで使った「白猫黒猫論」である。

　その反面, 中国政府は常にロックを「精神汚染音楽」として敵対視して来た。これは社会主義がイデオロギーを最優先することと, 資本主義市場経済が経済を最優先することとの大きな矛盾である。「鼠を捕るロック猫は良い猫なのか悪い猫なのか」という命題を中国政府は試行錯誤しながら解決してゆかねばならなくなる。

　台湾のロックレコードと契約していた黒豹(ヘイパオ), 唐朝(タンチャオ)は, 1994年には日本のJVCビクターと契約を交わすこととなるが, このような動きはロックビジネスが多額の外貨を稼ぐビジネスであることを中国政府に見せつけた。

　1992年頃から再び改革開放が推し進められ, 社会主義市場経済が既に確立している。中国政府もその「鼠を捕る猫」をいつまでも敵対視するわけにはいかなくなった。時にはロックをしめつけ, ある時は緩め, その揺り返しの中から中国政府とロックとの関係は落ち着くところに落ち着いて行ったのである。

　中国政府が初めてロックと手を結んだのは, 1993年4月24, 25日に北京首都体育館で開かれた黒豹(ヘイパオ)のコンサートであると私は考えている。老齢年金にその売り上げを寄付するという条件で開かれたこのコンサートでは, それまでコンサートで立ち上がったら逮捕されるという状況だったのが一変し, 1万人を超す観客が総立ちで彼らの曲を合唱した。

　ロックに対する規制が緩和されて来たかのような時代ではあったが, それでも中国ロックの創始者である崔健(ツイジェン)に対する政府の締め付けは相変わらず厳しかった。演奏許可を出さない, Partyライブの中止命令から始まって,

このようなエピソードまである。

1994年にオープンしたハードロックカフェ北京のこけら落としイベントで，B. B. キングが北京にやって来てライブを行なったが，そのライブを見に来た崔　健(ツイジェン)を当局は入店させなかった。ここまで来ると「締め付け」ではなく，もう「イジメ」の域である。彼の存在は「音楽」を超えて「信仰」の域まで達しており，また頑なにその独自の姿勢を崩さない彼の態度に中国政府は常に面白くないものを感じていたのではないかと思われる。

それに反して他のロックバンドたちは崔　健(ツイジェン)が進むいばらの道を横目で見ながら商業主義に突っ走って行った。ロックという言葉は使わない，自分たちは政治とは関係ない，などそれこそ「上有政策下有対策(シャンヨウジョンツアーシャーヨウドウイツアー)（上に政策あれば下に対策あり）」のあらゆる対策を使いながら彼らはロックをビジネスにしてゆき，その商業的な成功を見てロックを始める次の世代の若者たち，そしてその若者たちを商売に使おうとするレコード会社など，ここにロックビジネスの根本的な条件は整った。

3　中国ロックの衰退

1995年5月11日，中国ロック界を揺り動かす重大な事件が起こった。唐朝(タンチャオ)のベーシストである張　炬(ジャンジュイー)がバイク事故で死亡したのである。

彼が運転していたバイクと事故を起こしたトラックの運転手の名前を政府は最後まで公開しなかったという。全国のロックファンがその運転手に危害を加えるのを防ぐためだという話であるが，テレビなどのメディアで露出することができないロックというムーブメントの影響がここまで大きくなっているというエピソードの１つである。

この事件をきっかけとしてコアなロックファンの中国ロック離れが始まった。

すでに1994年に設立された青山音乐工作室(チンシャンインユエゴンズオシー)という会社に代表されるように，いろんなレコード会社は質の悪いロックのオムニバスアルバムを量産していたし，黒豹(ヘイパオ)は初代ボーカリストの窦唯(ドウウェイ)が脱退し，新ボーカリストを迎えて過去のヒット曲を歌って全国を営業に廻るという状態。そして人気実力

第8章　中国ロックと中国社会　　157

共にトップクラスであった唐朝(タンチャオ)が、ムードメーカーとしてバンドの結束を固めていた張炬(ジャンジュイー)の死によってバラバラになってしまうに至っては、コアなロックファンにとっては何をもって「ロック」と考えればいいのかがわからなくなってしまうのも無理はない。

これはアメリカのロックがウッドストックをピークとして商業化しながら確実にその潜在的パワーを失っていったのとも似ている。日本で言うと、安保闘争の学生運動をピークに衰退していったフォークブームと似ている。

中国ロックは天安門事件をピークとして、その歴史を10年足らずで駆け抜けてしまったのである。

中国ロックの細分化とさらなる商業化

この頃には中国はすでに「閉ざされた国」ではなくなっている。インターネットという発明が、中国人民に世界中の最新の情報を提供するからである。中国の若者は常に世界で一番流行っている一番新しい音楽を聞き、まるでオールドファッションの服を脱ぎ棄てて新しい服を着るように、パンク、グランジ、デジタルミュージック等さまざまなジャンルのバンドを結成するようになる。それまでハードロック一辺倒だった中国ロックが「世界の流行」と同じようにジャンルが細分化されて来たのである。

「ロック魂」ではなく「ファッション」を前面に押し出したバンドも現われて来て、その中でも清醒乐队(チンシンユエドゥイ)はそれまでなかったブリティッシュスタイルのロックとファッション性を前面に押し出し、商業的にも成功した。

彼らは自らデザイン会社やレコード会社を設立し、新しいバンドの育成やレコード発売を積極的に行なってゆく。そのこと自体はアンダーグラウンドのロックの底上げに大きく貢献してゆくことなのではあるが、猫も杓子もデビューできる風潮はロックの「質の低下」につながり、その後のロックシーンの低迷を招く大きな要因ともなる。

「零点」の商業的な大成功

黒豹(ヘイバオ)、唐朝(タンチャオ)などの大成功を見て内モンゴル自治区から北京に出て来た零点(リンディエン)のメンバーは、流行歌手のバックバンドや酒場での演奏活動で生活費を

稼ぎながら創作活動を開始する。折しも若いロックバンドの青田刈りが始まっていた頃なので、最悪の条件ながら彼らがレコードを発売することはそう難しいことではなかった。

1995年にはデビューアルバム「別误会(ビエウーホエ)」、そして1997年に発売したセカンドアルバム「永恒的起点(ヨンハンダチーディエン)」が爆発的なセールスを記録した。

シングルという概念がない中国において爆発的なセールスというのはアルバムセールスということなのではあるが、日本のオリコンのようにそれを数字にしてチャートにすることは難しい。海賊版だらけのこの国で正規版のセールスをチャートにしたとしたら、海賊版業者も手を出さないレコードの方がチャートの上位に上がってしまう可能性もあるし、海賊版を含めた総合セールスなど正式な数字を調べることなど不可能である。

中国におけるヒットチャートというのは、そのほとんどがラジオでのオンエアーのチャートである。彼らのセカンドアルバムのリーディングソングである「爱不爱我(アイブアイウォー)」という曲は50のラジオ局のトップ1に輝き、すべての国民に愛される「歌謡曲」として大ヒットしたのである。

彼らは積極的にテレビの歌番組やバラエティー番組に出演した。そのことによって彼らの知名度はますます上がってゆき、地方の歌謡イベントなどでの彼らの出演ギャランティーは一流歌手と同じランクになっていった。

「ロックで金を稼ぐ」ということはここ中国では非常に難しい。その演奏の場がほとんどないからである。しかしこの国では「歌手」が一番金を稼ぐ。よくてカラオケ、悪くて口パク、つまりCDに合わせて5分間観客に笑って手を振っているだけで日本円で数百万の金がその歌手の懐に落ちるのである。多い歌手でそんなイベント出演を年間100本以上こなす。

黒豹(ヘイパオ)に憧れて北京に上京して来た零点(リンディエン)は、黒豹(ヘイパオ)のロックの上っ面だけを世襲し、その音楽と活動を徹底的にポップにしてゆき、結果そこまでやり切れなかった黒豹(ヘイパオ)をメインストリームから追放することとなった。中国ロックの終焉である。

イベントの主催者としては、バンドの人数が5人だからといって出演ギャランティを5倍支払ったりはしない。バンドは歌手と同じギャラをメンバーの数で割るので収入は歌手の5分の1ということになるが、それでも彼らは

そんな営業ライブを年間100本以上こなし、巨万の富を得た。
　営業ライブといってもそのほとんど、いやすべてはオムニバスの歌謡イベントに出演するというもので、バンドであろうがすべて当てぶりか口パクである。つまりボーカリスト以外はそのバンド生活の中で生演奏する機会はないのである。
　これを「ロック」と呼べるかどうか議論の余地はないと思う。零点(リンディエン)はロック界、そしてロックを心から愛するリスナーたちに大いに軽蔑され、その代償として巨万の富を築いた。

中国ロックの空洞化

　どんな高尚な人間であろうと霞を食って生きてゆくことができないのと同じように、音楽だロックだと声高に叫んだとしても、その産物が商業的に売れないと生活もできなければ、そもそもその作品を発売して人の耳に届けることさえままならない。
　ある者は零点(リンディエン)に続けとばかり、音楽性を捨てて売れることに奔走し、ある者はそれについてゆけずにアンダーグラウンドに埋没した。ここに中国ロック界は大きな空洞化現象が定着し、その空洞は現在でも埋められていない。若くて元気のよいポジティブパンクバンドとしてデビューした花儿(ホアー)は、今ではMTVやメディアでも楽器は弾かず、メンバー全員が踊りを踊って歌うアイドルバンドに成り下がっている。
　この空洞化が続く大きな原因は中国の音楽市場にある。
　中国でレコードを買う大部分の人間はその人口の80％を占めると言われている「農民」である。当然ながら新しいリズムやアレンジを聞きわける耳を持っていない。彼らにとって大事なことは、「1，歌がうまくて」、「2，歌詞が泣けて」、「3，テレビにもよく出てみんなが知る有名歌手であること」だけである。ロックを支持する層というのはその大部分が学生を中心とした知識階級の若者なのであるから当然ながらその市場は非常に小さいと言える。
　その昔、崔健(ツイジェン)や黒豹(ヘイバオ)を聴いて拳を振り上げた人民たちは、今では自分が人に続いてもっと金持ちになることに忙しく、そんなメッセージには耳も傾

けない。当時は革命の歌か甘ったるいラブバラードか，もしくは新しく登場したロックという変わった音楽かしかなかった音楽市場も，今となってはあらゆる音楽が氾濫し，その大部分の人民はその溢れる情報の波に乗り切れず，結局は肌になじむ古いタイプの音楽を好んで聴いている。

たとえばレコードの値段が世界一高い日本などでは，アンダーグラウンドと言ってもそこにれっきとした市場が存在する。それがそんなに大きなマーケットではなくても，それほど自分を曲げなくてもある程度のビジネスとしてその音楽をやり続けることができる。ところがここ中国ではそのマーケットがあまりにも小さいのである。金を稼ぐためには歌謡曲に徹するしかなく，純粋なロックをつらぬくには相当な貧乏生活を覚悟するしかない。一時の「ロックの青田刈り現象」はここに来てロック界に大きなダメージを与えているのである。質の悪い商品を量産してしまえば，その商品はその後決して売れることはないものとなってしまうからである。

4　中国ロックの未来

中国ロックが衰退してからすでに十数年の歳月が流れ，その状況に大きな変化は現われていない。一部の熱狂的なロックファンが話題にする誰も知らないアンダーグラウンドバンドが生まれて消えてゆき，ロックを捨てて金儲けに走る数少ない成功したバンドがいくつか現われては消えてゆく。それだけである。私自身あまり中国ロックに大きな希望的観測を持ち合わせたりはしないが，もし大きな変化があるとしたら，それはこの大きな経済発展の中で生まれた新世代の金持ちたちによるものではないかと考えている。

カースト制度にも似たこの中国の貧富の差はすでに大きな社会問題になって人民の上に大きくのしかかっている。

貧乏人は永遠に貧乏，儲けるのは金持ちばかり。しかしその金持ちたちにも大きな悩みがある。貧乏から抜け出すために死ぬ思いでそのカースト制度をようやく一段上ってみれば，そこには今の自分よりももっと金持ちばかりがいて，結局は自分は一番貧乏なんだと思い知らされる。上を見れば限りなく金持ちがいて，下を見ればもう二度と落ちたくない貧乏な世界が広がって

いる。人生とは一体なんなんだろう……。

　そんなある種の金持ちたちの中に，昔ロックを聴いて育った人間も少なくない。今政治や経済を動かしている若い世代はまさにその世代なのである。終わってしまった黒豹(ヘイパオ)たちを何とかするのは無理だし，政治的に問題が多いので崔健(ツイジェン)を再びメインストリームに引っ張り上げることも到底無理だとしても，自分が再び心を動かされる若いバンドにその富の一部を投げ出してあげることは簡単なことである。

　このような人たちが自分たちの小遣い程度を投資してデビューできた若いバンドも珍しくない。青田刈りによる質の低下を払拭する高レベルの制作も可能である。有名歌手のように大きなプロモーションは無理でも，質のいいものをコンスタントに出してゆくことぐらいはできる。そして地方にもそんなロックを愛する金持ちたちが金にもならないライブハウスを開いたりしている。アンダーグラウンドなりにロックをやる土壌は整ってきているのだ。

　これはけっしてメインストリームの現象ではない。しかしロックの底上げという点では大きな流れだと思う。現在の空洞化を埋めメジャーとアンダーグラウンドのギャップを埋める役割を果たしてくれる動きだろうと私は思う。

　ロックとは何か，それはけっして反体制だからロックだと言うのではないと私は述べた。ロックも含め，すべての音楽はその時代を映し出している鏡のようなものだと私は思う。

　中国社会が解放され，抑圧された人民たちが崔健(ツイジェン)の音楽を聴いて拳を振り上げた。そして人民はそんな昔を忘れ去って富を得ることに邁進している。しかし誰しもその頭で描いた「幸せ」を享受していない。この社会は永遠に矛盾に満ちていると誰もが感じている。

　そのすべての人民の気持ちを代弁する若いアーティストが現われて，また人民たちが熱く拳を振り上げる時が来るのかどうか，私はここ北京でそれを見届けてゆきたいと思う。

■参考文献
中国ロックデータベース（http://www.yaogun.com/）

Ⅳ　グローバル文化産業の動態と動向

第9章 〈魂の工場〉のゆくえ
—— ポストフォーディズムの文化産業論 ——

水嶋一憲

> ……もしいま自分がOKと答えれば、無数のアジア人労働者が、生涯のうちの何年かを費やして、果てしなく押しよせるフットウェアの洪水に、このシンボルのさまざまなバージョンをくっつけることになるだろう。
> ——ウィリアム・ギブスン『パターン・レコグニション』

> 中国における「クリエイティブ文化産業」は、ここ五年のあいだに開花しはじめている。……「メイド・イン・チャイナ(中国製造)」から「クリエイティッド・イン・チャイナ(中国創造)」へという、政策の重大な方向転換は、もうすでに顕著なものとなっているのだ。
> ——国連『クリエイティブ経済レポート 2008』

1 はじめに

『パターン・レコグニション』を糸口に

サイバーパンクの旗手として知られるSF作家ウィリアム・ギブスンが、9・11以降の〈現在〉を正面から取り上げた小説『パターン・レコグニション』の女性主人公、ケイス・ポラードは、フリーランスの「クール・ハンター」である。ケイスは、ファッション業界を中心とするグローバル・マーケティングの世界で何がこれからクールなトレンドとして流行し、莫大な利益をもたらすか、その兆しを瞬時に察知し、ハントすることのできる、「パ

ターン認識」の能力の持ち主だ。第一線のデザイン・コンサルタントとして活躍する彼女は，当然ながら，自分の天賦の才能がグローバルな消費資本主義によってどのように活用されるかをよく心得てもいる。

「わたしがやってるのはパターン認識。ほかのだれもが気づかないうちに，なにかのパターンを認識しようとする」
「それから？」
「それを商品化しては，と教える」
「そして？」
「それが生産ラインに乗る。一連の商品になる。市場に出される」[1]

この場面でケイスの話にあいづちを打っている若い女性も，「ウィルス・マーケティング」や「ステルス・マーケティング」と呼ばれる，新種の広告業務に従事する者だ。クラブやバーに出かけていって他の客たちと会話しながら，さりげなくクライアントの製品を話題にし，注意を引きつけること――それが彼女の職業である。その場にいる者たちが，あとでその製品を買わなくても何ら支障はない。むしろケイスが見抜いているように，ウィルスをモデルにしたこの広告戦略は，「だからこそ効果的」なものとして機能するだろう。なぜなら，「彼らはその製品を買わない」かもしれないが，「でも，その情報をリサイクルする。その情報を受け売りして，つぎに会っただれかを感心させようとする」(PR, 86頁) はずだからだ。このように，ウィルス・マーケティングは，ある製品やブランドに関する話題を人々の日常的なコミュニケーション網のなかに差し入れ，感染経路を拡大してゆくことにより，そうしたインタラクティヴなネットワークそのものを製品のブランド価値を広め，高めるための広告メディアに仕立て直そうとするのである。

ギブスンの小説に取り入れられた，これら「クール・ハンティング」や

---

[1] ギブスン（2004）87頁。以後，この書物からの引用にさいしては，本文中の引用箇所の後に付した括弧内に原書の略号 PR と訳書のページ数を記すことにする。また，『パターン・レコグニション』全体の行き届いた分析として，Wegner (2007) pp. 183-240 を参照。

「ウィルス・マーケティング」といった最先端の仕事は，アントニオ・ネグリとマイケル・ハートがその共著『〈帝国〉』と『マルチチュード』で詳しく分析した，「非物質的労働」の典型例とも言えるものだろう[2]。

ネグリ／ハートによれば，産業資本主義からポスト産業資本主義への移行に伴ない，工業製品の生産に主軸を置く従来のフォーディズム的労働から，知識・情報・アイディア・コミュニケーション・サービス・情動・関係性といった非物質的な財の生産に主軸を置くポストフォーディズム的労働（彼らはこれを，社会的生それ自体の生産に直接関わるものであるという点を強調するために，「生政治的労働」とも呼ぶ）へと，労働形態のヘゲモニーが——量的ではなく質的な意味で——移動したのだった。このような観点からすると，ブランドやコミュニケーションのネットワークの構築をめざす「クール・ハンティング」や「ウィルス・マーケティング」といった一連の仕事は，非物質的労働の特徴をよく備えたものとして捉えられることになろう。

グローバルな現在の方へ

けれども，またもう一方で，『パターン・レコグニション』には，本章の1番目の題辞として引いておいた，次のようなシーンも含まれている。ナイキを思わせる，「スポーツ靴の大メーカーの製品につける，新しいイニシャル・ロゴのデザイン」（PR，17頁）を見せられたケイスは，即座に「不合格」という判断を下しながらも，つかのま，次のような想像をめぐらせるのである——「もしいま自分が OK と答えれば，無数のアジア人労働者が，生涯のうちの何年かを費やして，果てしなく押しよせるフットウェアの洪水に，このシンボルのさまざまなバージョンをくっつけることになるだろう」（PR，19‑20頁），と。

ケイスのこうした想像が，ニューヨークやロンドン，東京や上海といった「グローバル・シティ」を中心に展開されている多国籍企業のブランディング戦略に積極的に関わる非物質的労働と，グローバルな南の「スウェットシ

---

2) ネグリ／ハート（2003）3‑4 および，ネグリ／ハート（2005）2‑1 と 2‑2 を特に参照。

ョップ（労働搾取工場）」に外部委託〔アウトソーシング〕され，そこで日々強いられている過酷な工場労働とを結びつけて捉える効果を有しているのはたしかだろう[3]。

　しかしまた同時に，つぎつぎと運ばれてくるブランド製品に黙々とロゴやタグをつけていく，「無数のアジア人労働者」というイメージそのものが，ある種のステレオタイプや均質かつ一枚岩的な表象にほかならないという点を再確認しておく必要がある。

　そもそも，ここでの「アジア人」とは政治的・経済的・文化的に誰のことを指すのかという，「グローバル・アジア」の概念に関わる根本的な問いはさしあたり措くとしても，スウェットショップで働く労働者の多くが女性であるというジェンダーにまつわる差異をまずそれに付け加えておかねばならない。しかも，そのような〈アジアの女性労働者〉という表象もまた，グローバル資本主義・ポスト社会主義国家・家父長制家族のそれぞれ競合する要求にさらされながら，農村部から都市部の工場へと働きに出る中国の若い女性（「打工妹」）から，新自由主義的グローバリゼーション下の「フリー・ゾーン（自由貿易地域）」で働くトランスナショナルな女性移民労働者にいたるまで，さまざまに異なる経路と差異によって横切られているという点を見過ごしてはならないだろう[4]。

　翻って，「クール・ハンター」がその一端に携わっているトランスナショナルなブランディング戦略の方も，消費資本主義の非合理性をもっぱら告発するばかりの旧来の資本主義批判の枠組みではとうてい捉えることのできない，政治的・経済的・文化的な拡がりや，厚みと深さを備えている。かつての文化産業が，グローバル文化産業やクリエイティブ文化産業に変貌を遂げているいま，情報資本主義の価値論理を新たな視座から解析することが求め

3）　スウェットショップと企業権力との連関については，クライン（2001）ほかを参照。

4）　Ngai（2005）およびOng（2006）などを参照。また，Troeung（2007）は，新自由主義経済下のジャマイカの実態を描いた，ステファニー・ブラック監督のドキュメンタリー映画『ジャマイカ 楽園の真実』のなかの，「フリー・ゾーン（自由貿易地域）」に移送される〈トランスナショナルなアジア人女性労働者〉を捉えたシークエンスとそこに孕まれている表象政治を批判的に解読した，優れた論文である。

られていると言えよう。

　じっさい，本章の2番目の題辞として引いておいた，国連の『クリエイティブ経済レポート 2008』でも喧伝されているように，すでに中国は，「メイド・イン・チャイナ（中国製造）」から「クリエイティッド・イン・チャイナ（中国創造）」への政策転換を明確に打ち出している[5]。ギブスンの小説に取り込まれた「クール・ハンター」と「無数のアジア人労働者」は，それぞれの紋切り型のイメージを超え出て，グローバルな現在のただなかで，互いに複雑に絡み合った新しい関係性をともに生きつつあると考えるべきだろう。

2　文化産業からクリエイティブ産業へ

ポストフォーディズムの先取りとしての文化産業

　マックス・ホルクハイマーとテオドール・アドルノが『啓蒙の弁証法』(1947年)[6] を出版してから，すでに60年以上が過ぎた。啓蒙の光が「新しい野蛮状態」の闇へと反転していく過程を繊細かつ壮大なスケールで浮き彫りにしたこの大著には，「文化産業——大衆欺瞞としての啓蒙」と題された一章が含まれている。アドルノたちにとって，亡命先のアメリカで目の当たりにした，映画・ラジオ・出版などの文化産業の興隆は，均質性と同一性が支配する資本主義的論理のもとに文化を包摂しようとする動きの激化でしかなく，仮借ない批判を浴びせるべきものだった。文化の自律性を保持しようとする批判理論の立場にたつ彼らにとって，文化の産業化や経済化は，まさに厳しく指弾されねばならない事態だったのである。

　われわれはホルクハイマー／アドルノの批判理論を，文化産業そのものが大きな変容を遂げ，グローバル文化産業やクリエイティブ文化産業が主流となっている今日，どのように読み直すことができるだろうか。先にその理論

---

5) 中国におけるクリエイティブ産業の進展に関しては，Keane (2007) や，*International Journal of Cultural Studies*, 9(3), 2006 の特集「中国におけるクリエイティブ産業とイノヴェーション」に寄せられた諸論文を参照。

6) ホルクハイマー／アドルノ (2007)

についてふれておいたネグリと同じく,かつて 1960-70 年代のイタリアを中心に展開された「オペライズモ(労働者主義)」の流れを汲む,哲学者のパオロ・ヴィルノは,ポストフォーディズム的な生活様式を分析した本のなかで,『啓蒙の弁証法』を取り上げながら,こう述べている。

> 『啓蒙の弁証法』で,著者たちは,「魂の工場」ですら,直列性と細分化というフォーディズム的基準に合致していると論じています。「魂の工場」(出版,映画,ラジオ,テレビなど)においても,生産ライン——自動車工場の輝かしい象徴——がその存在を主張しているように思われるということです。……彼らにとって重要なポイントは,文化産業のフォード化だけだったのです。[7]

鉄鋼や自動車といった先行産業と比べて,文化産業をフォード化のプロセスへの遅まきながらの参入者とみなすホルクハイマー／アドルノのこうした視点は,しかしながら,ヴィルノにとって逆転されるべきものでしかない。文化産業は,フォーディズム的生産様式への遅参者やその周縁部であるどころか,むしろその反対に,のちに社会全体に広がることになるポストフォーディズム的生産様式の「先取り的な前兆」やその核となるモデルであるということ——これがヴィルノによる批判的主張の要点なのである。

なぜ,一見すると逆説的なこうした主張が成り立つのか。その理由は,文化産業に含まれていたある種のゆとりや遊びの部分,いいかえれば,「無定形なもの」「予測不可能なもの」「プログラムされていないもの」(これらは,フォーディズム的生産様式からすれば完全に同化することのできない残滓にすぎず,アドルノたちにとっても「影響力のない残余」や「ゴミ屑」として切り捨てられるべきものでしかなかった)こそが,やがて到来するポストフォーディズム的生産様式の「典型的特徴」となるものにほかならなかったからである。しかもヴィルノによれば,そのような即興的なパフォーマンスやコミュニケーションの能力は,今日のポストフォーディズム時代において,すべての産業分野を含む,

---

7) ヴィルノ(2004) 101-102 頁。

「社会的生産全体の典型的特徴」となっているのだ。

　むろん、こうした趨勢は、文化産業そのものにも跳ね返り、それに大きな影響を及ぼさずにはおかないだろう。じじつ、半世紀以上も前にポストフォーディズム的転換を先取りしていた文化産業は、ポストフォーディズムが全般化した現在、その姿をドラスティックに変えつつある。以下では、そうした変容に含まれている諸問題に焦点を合わせることにしよう。

文化産業からクリエイティブ産業への移行

　ホルクハイマー／アドルノにとって、メディアやエンターテインメント企業などの文化産業は、諸個人を資本のコントロールに服従させる装置にほかならなかった。だが皮肉なことに、文化産業がクリエイティブ産業へと変容する過程で、彼らが旧い文化産業への対抗因子として重視した聴衆の自発性や労働者の自律性は、きわめて倒錯したかたちで実現されたとみることができるだろう。たとえば、今日のテレビでよく観られる「リアリティTV」（視聴者自身が参加する双方向番組の一形態）や「ドキュソープ」（ドキュメンタリーとソープオペラのスタイルを合体させたテレビ番組）、「キャスティング・ショー」（視聴者投票により出演者が決定する番組）といったプログラムは、聴衆の自発性じたいを動員し、取り込みながら、それを新たな隷従の様式に変換する仕組みとしても捕捉できるだろう。

　また、雇用や労働の形態に関していえば、文化産業の直接的な継承者ともいえる現在の巨大メディア企業において、アウトソーシングや子会社との契約は「アントレプレナーシップ（起業家精神）」の旗印のもと、ますます増大している。同じく、インターネットなどに関連した新興のメディア企業においても、多くの場合、正規労働者は相対的にみて少数にとどまり、しかもその業務は核となる管理行政部門に集中している。

　さらにこうした動向は、1990年代後半にイギリスのブレア政権下で推進された、新自由主義的な文化政策と都市開発を連動させようとする動きや、情報コミュニケーション技術の発達およびニュー・エコノミーのブームなどにも後押しされて急増した、クリエイティブ産業（その範囲は、広告、ブランディング、デザイン、建築、ソフトウェア、映画・TV製作、音楽出版、ニュー・メディア

など多方面に及ぶ）において，より顕著に認められるだろう[8]。そこでは，パートタイム労働者としてプロジェクトからプロジェクトへと渡り歩いたり（これは，最近，多くの会社や大学などで盛んに導入されている「プロジェクト制度」のありかたとも関連している），小企業を立ち上げたりする，フリーランスのアントレプレナーたちの労働形態が，その可動性と柔軟性のゆえに支配的なものとなっているのである。

プレカリアートの増大と不安定性の拡大

いささかアイロニカルな言い方になってしまうが，ホルクハイマー／アドルノがその欠如を嘆いた文化産業の労働者の自律性は，クリエイティブ産業の労働状態において倒錯したかたちで実現されたとみなすことができるだろう。そこでは，「[労働の]柔軟性(フレキシビリティ)は専制的な規範となりはて，労働の不安定性(プレカリティ)がルールとなる。またそのようにして，労働と余暇を分かつ線が──労働と失業を分かつ線と同じく──曖昧となり，不安定性が──労働の領域のみにはとどまらずに──生全体へと流れ込んでくるのだ」[9]。

こうした傾向が明示しているように，われわれは文化産業からクリエイティブ産業への移行を，「プレカリアート（不安定階層）」の出現および増大と軌を一にしたものとして把捉することができるだろう[10]。また，それと併せて確認しておかなければならないのは，クリエイティブ産業を1つの典型とする現在の労働市場の実態が，かつてのケインズ主義的福祉国家が前提としていた，雇用／失業という二分法にはもはや収まり得ないものとなっているという点だ。そこでは，就労と失業のあいだの境界域のなかで生きている人々（別言すれば，従来の「失業者」と「被雇用者」のカテゴリーのいずれにも属さない，非正規／断続的労働に携わる不安定階層）の存在が常態化し，しかもその数がますます増加しつづけているのである[11]。

---

8) クリエイティブ産業をめぐる諸問題をバランスよく整理した，目配りのよいリーダーとして，Hartley ed. (2005) をあげておく。
9) Raunig (2007) また併せて，毛利 (2007) 第Ⅱ章を参照。
10) プレカリアートをめぐる論文や文書は多数存在するが，1つの見通しのよい入り口として，伊藤 (2006) 10‐18頁を参照。

プレカリアートの増大という、このような切迫した事態に端的に映し出されているように、クリエイティブ産業が喚起する〈創造的な労働〉への欲望は、そこで働くクリエイティブ・ワーカーたちが〈自己‐不安定化〉を自ら選択する機構と一体をなしている、と考えられる。もはやそこには、かつてホルクハイマー／アドルノが文化産業に見出した、一方向的な「大衆欺瞞」のメカニズムや社会統制の手法を認めることはできないだろう。「魂の工場」の今日的形態であるクリエイティブ産業は、自由と隷属、創造性と不安定性が渾然一体となった複合的かつ流動的なネットワークを組織しているのである。

3　グローバル文化産業とブランドの論理

文化産業からグローバル文化産業へ

　社会学者のスコット・ラッシュとシリア・ルーリーはその共著『グローバル文化産業』で、近年のグローバル化の動きが、それまでとは根本的に異なる作動様式を文化産業にもたらした、と指摘している。彼らによれば、文化がまだ基本的に上部構造に属するものであった、1945年から1975年までの時期においては、人々が日常生活でもっぱら出会うのは、経済的下部構造を土台にして生産される物質的な財（ことに規格化された工業製品）であった。しかし、20世紀最後の四半世紀に――とりわけ90年代以降、加速度的に進行したグローバル化・情報化・金融化の流れを受けて――、文化（および文化的事物(オブジェ)）は上部構造からじわじわとしみ出して、下部構造へと浸透していき、ついには下部構造そのものを占拠するにいたったのである。ラッシュ／ルーリーはこう述べている。

　　いまや文化的事物(オブジェ)はいたるところにある――情報として、コミュニケーションとして、ブランド製品として、金融サービスとして、メディア・

---

11)　このような事態が提起する諸問題についてのより詳細な分析は、水嶋（2007）131
　　‐147頁を参照。

プロダクツとして，輸送サービスやレジャー・サービスとして。このようにいたるところに見出される文化的存在物は，もはや例外として扱われるものではなくて，通常のルールとなっているのだ。……いま私たちの前にその姿を現しつつある，グローバル文化産業の時代においては，文化が経済と日常の両方を支配しはじめているのである……。[12]

見られるように，ここでラッシュ／ルーリーは，グローバル化の時代が進むにつれ，日常生活や経済的生産過程のなかで文化の果たす役割がますます中心的かつ強力なものになってゆくという論点を強調している。いうまでもなくこれは，かつてのホルクハイマー／アドルノの認識を逆転させたものである。なぜなら，『啓蒙の弁証法』の著者たちにとって憂慮すべき問題だったのは，文化的上部構造が経済的下部構造の侵襲を受け，手段‐目的合理性が支配する商品の論理にそれが包摂されてしまうことだったのだから。

しかし今日，グローバル文化産業や情報資本主義にとって重要なのは，下部構造が上部構造を決定し，それを取り込んでしまうといった過去の方式ではなく，文化的上部構造の方が物質的土台へとなだれ込み，それを根本的に変質させてしまっているという，現在進行中のプロセスなのである。こうした過程のなかで，「財は情報的なものに，労働は情動的なものに，所有権は知的なものになり，かくして経済全般はますます文化的なものになってゆく」[13]だろう。

メディアとモノの二重の生成変化

さらにラッシュ／ルーリーによれば，メディアやイメージなどの文化的諸形態が上部構造から下部構造の物質性へとなだれ込んでゆくという，このような傾向は，〈メディアがモノになる〉と同時に，〈モノがメディアになる〉という二重の運動を現出させるにいたっている。彼らのこうした図式は，一見すると難解で，また抽象的にみえるかもしれないが，具体的な例をあげて

---

12) Lash and Lury (2007) p. 4.
13) Lash and Lury (2007) p. 7.

いけば比較的容易に理解できるだろう。

　まず，メディアのモノへの生成変化の例としては，マンガやアニメのキャラクターがグッズ化されたり，映画がコンピュータ・ゲームになったりすることや，ディズニー，ワーナー，ユニバーサルといった巨大メディア企業がテーマパークや系列販売店と一体化すること，あるいはまた，iPodに容れられた音楽データが都市のサウンドスケープを再編集するモバイル・ツールになったり，ブランド広告が——店舗の設計・ディスプレイや，街頭や道路脇の大掲示板(ビルボード)のアレンジといった一連の作業をとおして——，ショッピングモールやエアターミナル，ダウンタウンなどの空間編成に介入し，既存の景観(スケープ)をブランド環境へと実質的に変化させる装置になったりすること……等々といった，さまざまの事例があげられるだろう。

　同じく，モノのメディアへの生成変化の例としては，その論理を集約的に表わしている，ブランド製品を取り上げるのが最適だろう。たとえば，ナイキのロゴのついたキャップは，それをタイガー・ウッズがかぶってプレイする姿が世界中に放映されることを通じて，ナイキ・ブランドがそのなかを流通するグローバルな時空間やフローに接続され，それらの再構築に繋がるようなメディア・イメージとなる。また，ナイキタウンのようなスペースは，単なるショップというよりも，ナイキのシューズやウェアを求めてそこを訪れた消費者を，ナイキ・ブランドが調整し，提供する〈経験〉や〈感覚〉，〈ライフスタイル〉といったものに没入させる効果を備えた，メディア空間／イベント空間を構成している，と考えられる。これらの例が示唆するように，躍動感やスピード感を表わす「スウォッシュ」のロゴのついたナイキ・ブランドのモノじたいが，まさに"Just Do It."というメッセージを発信する一種の社会メディアになっている，と指摘することができるだろう。

　こうした二重の生成変化を通じて改めて問い直さなければならないのは，『啓蒙の弁証法』で提起されていた文化の産業化という，そもそもの論点である。ホルクハイマー／アドルノにとって文化の産業化は，そのまま文化の商品化と置き換えてもさしつかえのない事柄であった。これに対して，グローバル文化産業がもたらしたのは，それまでの文化の商品化の様式（同じ製品の大量生産，別言すれば，同一性の再生産というフォーディズム的原理に基づくもの）

を，文化のモノ化の様式（各々が特異な強度をもつ多様な製品の生産，別言すれば，差異の絶えざる創出というポストフォーディズム的原理に基づくもの）へと転換することであった，と捉えられる。

しかもそのような転換は，産業そのものの転換を伴なわずにはいない。つまり，文化のモノ化，いいかえれば，〈メディアがモノになる〉という変化は——それと並行して，旧来の生産活動（いわゆる「ものづくり」）じたいを，デザインやリサーチ，ブランディングなどの非物質的生産と一体となったものに組み替えることを通じて——，かつて産業と呼ばれていたものの文化化，いいかえれば，〈モノがメディアになる〉という変化を同時に押し進めることになるわけである。グローバル文化産業は，モノとメディアのこうした二重の生成変化が織りなすグローバルなフローと直結しているのだ。

情報資本主義の二つの特徴

これまでみてきたラッシュ／ルーリーの多岐にわたる議論の中心にあるのは，〈グローバル文化産業がブランドを通して作動する仕方〉というテーマである。かつての文化産業が商品化の原理を通して作動していたとすれば，現在のグローバル文化産業はブランディングの原理を通して作動している，というのが，彼らの基本的な認識なのである。

この点に関して付け加えておくと，近年，斬新な視角から画期的なブランド論を展開している，メディア社会学者のアダム・アーヴィッドソンは，ラッシュ／ルーリーのこうした認識を踏まえたうえで，「ブランドは情報資本主義の論理を模範的なかたちで具現化したものにほかならない」[14]，とさらに明快に述べている。じっさい，現在，市場にあふれかえっている多種多様なブランド消費財はもちろんのこと，マクロな規模では国家（シンガポール，アイルランド，等々）や都市（バルセロナ，ベルリン，等々）のブランド構築から，ミクロな規模では MySpace のようなネットワーキング・サイトを用いた個々人のパーソナルなブランド管理にいたるまで，いまやブランドの論理は情報資本主義の展開と連動した社会編成のパラダイムとして機能している，

---

14) Arvidsson (2006) p. 13.

といっても過言ではないだろう。

　また同じく留意しておきたいのは，かつてのフォーディズム的な産業資本主義の時代に〈工場〉がその価値形成の論理を示す範例であったのと同じように，今日のポストフォーディズム的な情報資本主義の時代においては〈ブランド〉がその価値形成の論理を示す範例となっているという点だ。以下ではこの点について，やや詳しく分析することにしたい。

　まず，情報資本主義という概念について簡単に整理しておけば，これは次の2つの特徴を備えたものとして呈示されるだろう。第1の特徴は，先にふれたネグリ／ハートの非物質的労働という概念とも関連するのだが，情報資本主義がアイディアやサービスや情報といった非物質的な財の生産に基づいているという点に求められる。むろん，このことは，物質的生産が消滅したなどという現実離れした事態を指し示しているわけではなく，たんにそれがヘゲモニーを失い，副次的なものになりつつあるという傾向を指し示している。つまり，企業やその他の経済的アクターたちにとって，知識やイノヴェーション，デザインやライフスタイルを生産することの方が，それらの情報を運ぶ物質的製品を作ることよりも，より大きな戦略的重要性をもつようになってきている，ということである。

　次に情報資本主義の第2の特徴は，そのように決定的な重要性をもつ非物質的生産をますます社会化し，その生産現場を拡大していっているという点に求められる。すなわち，情報の生産は，従来のように内部の供給源——たとえば，会社が直接に指令を下すことのできる有給の従業員のスキルといったもの——に依拠することから，外部の非物質的生産性——いわゆる「クラウドソーシング」の場合のように，会社の外部にある，ネットワークで結ばれた「群衆」の一般的な知恵といったもの——を領有し，価値化することのできる能力に依拠することへと，次第に向かいつつあるのである。

社会化された工場としてのブランド

　ブランドは，情報資本主義のこれら2つの特徴をいち早く，しかもきわめて洗練された仕方で明確に具体化したものである，と考えられる。なぜなら，まず，ブランドはここ30年ほどのあいだに，非物質的資本としてのその価

値を急速に高めてきているからだ（たとえば，マクドナルド，コカコーラ，ナイキといった企業にとって，もっとも価値のある資産は——不動産などの有形資産ではなくて——それぞれのブランドの公的な評価にほかならない）。しかし，またもう一方でブランドの価値は，広告の製作者やブランド・マネージャーたちの努力に懸かっているというよりも，消費者や一般的な公衆の努力に懸かっている，と捉えるべきである。消費者とブランドのあいだの関係，さらにはブランドを介した消費者間の関係こそが，ブランドの価値を決定する源なのである（この意味で，情報資本主義では——産業資本主義とは異なり——，〈生産〉と〈流通〉〈消費〉とのあいだの区別が曖昧化してゆくことになる）。

このように，ブランドの価値の大きさは，その売上高のみによって決定されるのではなく，製品が社会体のなかを流通する過程において消費者に喚起する情動的かつ関係的な複合性（すなわち，消費者の側からのアテンション（注意・注目），ロイヤリティ（信頼・忠誠），社会的ランクづけといった直接的評価）を含むかたちで多重決定されるのである。またそれゆえ，現在のブランド・マネージメントは，消費者に規律を押しつけようとはせず，その反対に率先して消費者に能力を吹き込もうとするだろう。

多数の消費者がブランドを共通の環境やプラットフォームとして利用しながら情動的な関係性のネットワークを構築してゆくこと——繰り返すが，これこそがブランドの価値の源となるものなのである。そのうえでブランド・マネージメントがめざすのは，そうした大勢の人々の情動やさまざまの情動間のネットワークを監視し，管理し，調整することを通じて，それらを取り込み，領有しながら，資本蓄積にとって望ましい方向性へとそれらを価値づけてゆくことにほかならない，と指摘できるだろう。

かつてマルクスは，大工業の発展につれて現実的な富の創造が，直接的な労働時間の量に依存するものから，「社会的頭脳の一般的生産諸力の蓄積」としての「一般的知性」に依存するものに移り変わってきている，ということを明示してみせた[15]。マルクスが産業資本主義の時代にすでに見通していたこのような傾向は，ポスト産業資本主義とも認知資本主義とも呼ばれる新

---

15) マルクス（1997）471-504頁を参照。

たな価値の生産様式が現出している今日，ますます顕著なものとなっている。いまや一般的知性は，かつてのように工場内に設置された固定資本としての機械のなかに吸収されてしまうのではなく，工場の壁を越えて社会全体へと広がり，大都市(メトロポリス)という社会化された工場内で協働する労働力の生きた身体に転位されるようになっている，とみなすべきだろう[16]。

　情報資本主義の鍵となる原理は，このように基本的に外部に存在する，しかも相対的に自律した「一般的知性」ないしは「大衆知性」を，生産的源泉として取り込み，領有することにある。なぜなら，すでにブランドについてみたように，情報資本主義における価値創造は，商品の生産を通してのみならず，商品を社会体のなかで流通させ，その過程で発生するさまざまの生産的実践の諸結果を領有することを通しても同様に遂行されるからである。ブランドはそうした価値創造の原理を模範的な仕方で具現化したものだ。またそれは，消費者にとっては価値の生産手段でもあり，資本にとっては価値の捕獲手段でもある。

　こうした視点からすると，〈生産と消費のインターフェイス〉としてブランドを理解しようとする従来の枠組みは，もはや不十分なものとしか映らないだろう。ブランドはすでにそうした枠組みを超えて，たんなる生産と消費の界面にはとどまらないものとなっており，商品の社会的流通を支えている消費活動そのものを生産過程の内部に取り込むメカニズム，換言すれば，生産的な「大衆知性」を触発すると同時に監視しながら，それを領有して価値化する機能を帯びた，「脱領土化された工場」[17]とでも呼ぶべきものになっているのである。

　このように，いまや工場の壁を越え，メディア文化および日常生活と一体となって社会全体に拡散しているブランドは，社会的コミュニケーションを通じて織り上げられた大衆知性と資本によるその捕獲作用が出会う，まさに社会化された工場として捉えられるべきだろう。

---

16)　マラッツィ（2007）52‐69頁を参照。
17)　Arvidsson（2006）p. 94.

4　魂の工場の変容とレントの技法の増大

魂の工場の変容をめぐって

われわれはこれまで，文化産業がグローバル文化産業やクリエイティブ文化産業へと移行する過程であらわになってきた諸傾向を理論的に解析するとともに，そこに含まれている――政治・文化・経済が複雑に絡み合った――諸問題に焦点を合わせてきた。情報コミュニケーション技術が大きな発達を遂げ，メディア文化と日常生活が完全なる統合を遂げようとしているいま，市場と社会，上部構造と下部構造，生産と消費，労働と余暇のあいだの区別はすでに崩れ落ちている。こうした趨勢のなかで，かつての「魂の工場」は「脱領土化された工場」にその姿を変えながら，社会全体へと浸透し，拡散していっているようにみえる。いうならばそれは，テクノロジーによって促進された社会的相互作用からなる大衆知性を――（相対的に）自律した――生産的な外部性として取り込み，またそれを主要な価値の源泉として領有する機能を果たす，社会化された工場となっているのだ。

その一方で，こうした変化は，先にクリエイティブ産業における労働形態の転換を通して浮き彫りにしたような，生の不安定化を並行してもたらさずにはいない。この点を踏まえるなら，ブランド・マネージメントをその典型とするような情報資本主義の作動様式は，生全体に絶えず流れ込んでくる不安定性を〈パターン化された流動性〉へと連続変換すること，あるいはまた，そのためのコントロール可能なプラットフォームを構築することからなると捉えられるだろう。つまり，かつての「魂の工場」はここで，相対的に自律した生産的相互作用を前もって設定された方向性に向けてエンパワメントするためのプラットフォームや，ある種の行動形態と関係様式をア・プリオリに奨励するプロトコル[18]といったものにその姿を変えているわけである。

本章の冒頭でふれたギブスンの小説に戻るなら，主人公ケイスが備えてい

---

[18]　Galloway（2004）は，分散型ネットワークにおいて作動している組織化のテクノロジーとしてのプロトコルをめぐる刺激的な分析を展開している。

る「パターン認識」の能力は、「魂の工場」のそうした変容と連接したものであり、グローバルな消費資本主義のなかで生きている人びとの生全体に入り込んだ不安定性を、〈パターン化された流動性〉に変換する「危機管理」(*PR*, 60頁)の効果をもたらすものである、と言えるだろう。そして、このことをもう少し政治経済学のタームに引きつけて考えてみるならば、ケイスの「パターン認識」の能力、あるいはまた、ブランド・マネージメントを含めた広い意味での消費資本主義の作動様式が、新たな「レント（地代、賃料）の技法」としても捉えられることが判明するだろう。というのも、それらの能力や様式は、消費者間の情動的エネルギーそのものを——価値の生産的源泉としての——非物質的ないし認知的な労働のネットワークへと変換することのできるプラットフォームを構築・管理し、提供することを通じて、そうした現実的／仮想的な場から発生する「レント」を利潤として取得する、新たな「レントの技法」でもあるからだ。以下ではこの点を明らかにしておきたい。

〈共〉の収奪装置としてのレント

　ネグリ／ハートは『マルチチュード』で、近代の産業資本主義からポスト近代の認知資本主義[19]への移行に伴ない、価値と搾取の理論の基礎となる尺度も変移した、という点を強調している。彼らの分析によれば、労働の価値が時間的な尺度（労働時間）に基づいて規定されていた近代の生産パラダイムとは異なり、非物質的かつ認知的な労働（知識・情報・サービス・コミュニケーション・情動などのポストフォーディズム的な財の生産に関わる労働）が主導権を握るポスト近代の生産パラダイムにおいては、価値が従来の尺度では測れないものになると同時に、〈共〉的なものとして分かちもたれる傾向にある。ゆえにまた今日においては、「搾取も時間の観点から理解することはできない。価値の生産を〈共〉の観点から理解しなければならないのと同様、搾取も〈共〉の収奪＝収用として捉える必要がある。いいかえれば、いまや〈共〉が剰余価値の生じる場となったのだ」[20]。このように新たな価値の生産

---

19)　認知資本主義については、さしあたり、Boutang (2007) を参照。

と搾取の場である〈共〉は，資本と国家の結託によるその私的／公的な横領と，マルチチュードによるその再領有のためのさまざまな抵抗とがせめぎあう，闘争空間でもあると措定できるだろう。

さらにネグリは最近のカルロ・ヴェルチェッローネとの共同論文においてその分析をもう一歩進め，認知資本主義への移行に伴ない，労働の非物質的かつ認知的な側面が上昇するのと並行して，剰余価値の捕獲のメカニズムにも根本的な転換が生じ，その結果，〈共〉の収奪＝収容装置としての「レント」の役割が増大するとともに，その形態も増殖してきていると指摘している[21]。

一般的にいって，リカードからネオ・リカーディアンにいたる経済理論では，レントは利潤とは区別されるカテゴリーとして扱われる。すなわち，利潤が生産と雇用の成長をもたらす「良き」生産的資本主義と結びついたものであるのに対し，レントは――地主や金融資本主義が労せずして手にする――非生産的で寄生的な収入にすぎない，といった仕方で。ところが，認知資本主義においては，利潤とレントの区別が曖昧になるばかりか，「利潤がレントになる」傾向がある[22]。つまり，認知資本主義において利潤はレントのなかにある，または，レントこそが認知資本主義における新たな利潤である，というわけだ。なぜか。ごく簡略化して述べるなら，先にブランドの価値形成の論理についてみておいたように，認知資本主義においては，「一般的知性」や「大衆知性」をその生産手段とする〈共〉が剰余価値の生じる場となっており，レントはそのような〈共〉を収奪＝収容する装置であるからだ。

増殖するレント形態

このことは，今日におけるレントの多様な形態を例にとってみれば，理解しやすいだろう。まず，認知資本主義に特有の形態である，特許権・著作権・商標といった知的所有権の獲得がもたらす，認知的レントがあげられる。

---

20) ネグリ／ハート（2005）（上）248 頁。
21) Negri et Vercellone (2008) pp. 39-50 を参照。
22) Vercellone (2007) pp. 45-64 を参照。

これには，グローバルな南の伝統的知識や生物の遺伝子情報などを特許権の取得を通じて私有化するバイオ所有権から，古典的な意味での消費と生産のインターフェイスという枠組みを超えて，消費活動そのものを生産プロセスに組み入れつつ価値増殖を図る，「脱領土化された工場」としてのブランドやブランディング活動までが含まれるだろう。本章3でも検討したように，ブランドは，「自由な」社会的相互作用のプロセスを通じて生産される情動的パターンから，一種の独占地代を引き出す働きをするのである。

　同じく，認知資本主義の発展とともに強力に進行した経済の金融化も，新たな種類のレントを発生させている。たとえば，年金基金の株式市場への投資は，退職後の年金生活者の生を部分的に左右する力を株式資本に授けながら，それにレントを取得させていると考えられる。また大企業が株式市場にその助けを期待しているのは，資金調達というよりも，企業内部のみからは生じ得ないレント──裏返していえば，企業のR＆D（研究開発）部門の壁を越えて社会全体に広がる，認知的労働力のネットワークから生じるレント──を取得し，その部分を増大させることである[23]。

　さらに，こうした金融化の流れは，認知労働者の総体をして，ストックオプション賃金を通じて金融資本のレントの配当にあずかり，「資本のレントの職員」となる少数の上位階層と，規格化された新たなサービス労働に不安定な雇用形態で従事する多数の「格下げされた」階層とに二極化させることになる[24]。マテオ・パスキネッリが言うように，「ニュー・エコノミーが一層多くのマックジョブを生み出したのも，何ら不思議なことではない」[25]。

　このような事態は当然ながらインターネット経済にもあてはまる。たとえば，ソーシャル・ネットワーキング・サービスは基本的に，多数のユーザーの〈フリー労働〉（ここでの「フリー」には，無給ということと，指令を下すのが困難ということの，二重の意味が込められている）に基づいて生産されるコミュニケーションのネットワークを価値の源泉にしており，そのサービスを提供する会

---

23) Marazzi (2008) pp. 115-126 を参照。
24) Negri et Vercellone (2008) p. 48.
25) Pasquinelli (2008)

社はサイトを運営することによってレントを取得している。かつてのレントが共有地(コモンズ)の領有から生じたとすれば，今日のレントはネットワーク状に結びついた非物質的なコモンズの領有から生じるわけである。

　レントの分類の最後に，レントの大もとの概念である地代に立ち返っておこう。ここでも真っ先に留意する必要があるのは，認知資本主義のもとで地代がアップデートされているという点だ。デヴィッド・ハーヴェイがその「レント（地代）の技法」というタイトルの論文で明示しているように，グローバル資本は，バルセロナやベルリンといった物理的な場所とリンクした「集合的な象徴資本」が有する，他とは区別される卓越した固有性を開発＝搾取しつづけることによって，独占地代を発生させ，それを領有するのである[26]。この点からすると，いわゆる「クリエイティブ・クラス」[27]なるものは，こうした集合的な象徴資本が生み出す「レントの職員」であり，相対的に自律したクリエイティブな生産形態を資本主義経済の価値回路に接続するマネージャーとしての役割を担う，「クリエイティブ経済の管理階級」であると捉えられるだろう[28]。

5　〈チャイニーズ〉・ゴールド・ファーマーの労働(プレイ)

ヴァーチュアルなスウェットショップへ

　ここでもう一度，ギブスンの小説に立ち返っておくなら，鋭敏なクール・ハンターとしてグローバル広告企業に雇われているケイスは，まさに「クリエイティブ経済の管理階級」の一員にほかならないと言える。だがその一方で，ケイスの並外れた「パターン認識」の能力は，その重度の副作用として，ある種のブランド企業のロゴやトレード・マークに対する激烈なアレルギー反応を彼女の心身に引き起こしてしまう。

　そんなケイスにも，「アットホームな感覚」を抱かせてくれる「最もなじ

---

26)　Harvey (2001) pp. 394-411. また併せて，斉藤 (2007) 183-200頁を参照。
27)　フロリダ (2008) などを参照。
28)　Arvidsson (2007)

み深い生活の場」(*PR*, 12頁),「ひきこもれる場所」(*PR*, 95頁) が存在する。それは,ウェブ上をひそかに浮遊している,一連の謎めいたフィルム・クリップ,マニアのあいだで何の飾りもなく「フッテージ」と呼ばれている断片的な映像の群れと,それらの映像に魅せられた者たちが集うネットフォーラムだ。フッテージを──いわば,ラカン的な意味での「現実的なもの」として──偏愛し,享楽する,この一種のカルト・コミュニティは,従来のナショナルな共同体の枠内にあるサブカルチャーの場合とは異なり,トランスナショナルな共同体を形成している。ケイスの雇い主でもあるグローバル広告企業のオーナー,ビゲンドは,「存在するかどうかすら不明な作品が,げんに毎日の注目の焦点になっている」事態の新しさに注目し,そうした「誕生後まもない世紀での最も巧妙なマーケティング戦術」(*PR*, 68頁) の秘密を探るべく,フッテージの情熱的な支持者という一面をもつケイスにその作者を見つけ出すよう依頼する。

　ビゲンドの無尽蔵とも思える資金に支えられたケイスは,フッテージの秘密を求めて,ロンドン,ニューヨーク,東京といったグローバル・シティを拠点とするグローバル情報経済のエリートたち──広告会社の幹部,デザイナー,フィルムメーカー,コンピュータ・プログラマーといった人々──のあいだを渡り歩き,ついにはモスクワにたどり着く。『パターン・レコグニション』で描かれたモスクワやロシアは,新たに現出しようとしているグローバルなリアリティの方向性やパターンを特権的に指し示す場所が,かつてギブスンのサイバーパンク的想像力をいたく刺激した東京や日本から,すでに移動しているということを明確に映し出している点でも興味深い。しかも,そこに登場する「ポスト・ソ連」のロシアは,基本的に,富者と貧者の格差が途方もなく拡大した,ハイテクと新封建制の合体した社会体制として描き出されているのだ。そこでは,旧い国民国家の諸装置は著しくその機能を低下させており,いまや国家と同程度の権力を有するまでに肥大したスーパーリッチ層にとって好都合なように,警察と刑務所は民営化されている。

　ケイスが最終的に出会うことになるフッテージの作者は,複雑な過去をもつ若いロシア人女性であり,彼女が繊細きわまりない手つきで創り出した元の映像は,「ロシア人億万長者」である叔父が関与する「民営化された刑務

所」の「囚人たち」によるコンピュータを駆使した膨大な画像実現(レンダリング)の労力をとおして、ようやく「進行中の作品の断片」として仕上げられる。これがフッテージの製作工程なのである。そして囚人たちの労働現場は、あるフッテージ・マニアが推測するように、次のような類いのものであるだろう──「もしこれがコンピュータ作成画像だとすると、だれかがその作業をしているわけだ。……立体物描画工房(レンダリング・ファーム)。見たことがある？……大きな部屋。たくさんのステーション。レンダラーたちが画像をひとコマずつ処理していく。労働集約的に。……レンダリングには費用がかかる。細かい手作業で、おおぜいの人間が必要だ。……みんながじっとすわったまま、ピクセルのひとつひとつを操作しているわけだ。映像をシャープにする。ディテールをつけたす。髪の毛を描く。髪の毛は悪夢だよ。しかも、給料は安い」(*PR*, 107頁)。

こうした「完全な保安状態のレンダリング施設」(*PR*, 108頁)は、ヴァーチュアルなスウェットショップとも言い換えることのできるものだろう[29]。ブランドのロゴにアレルギー反応を示すクール・ハンター、ケイスを魅了してやまない一連の映像は、「フリー・ゾーン」を思わせる「民営化された刑務所」内のスウェットショップ労働と不可分の関係にあるわけだ。それに加えて、『パターン・レコグニション』で描かれた、刑務所内でレンダリングに没頭するロシアの囚人たちというイメージは、この小説の刊行後に現実の世界で注目を集めることになった、ビルの一室に閉じこもって四六時中オンラインゲームに没頭する「チャイニーズ・ゴールド・ファーマー」たちの姿を連想させずにはおかないだろう。

「私たちこそがゴールド・ファーマーである」

2005年頃から、「チャイニーズ・ゴールド・ファーマー」と呼ばれる人々の存在が、リアルな世界でもヴァーチュアルな世界でも大きな関心を集めるようになった。たとえば、同年暮れに『ニューヨーク・タイムズ』紙に掲載

---

29) ただし、ここでの「ヴァーチュアル」という語は、あくまでも生産物の特徴を指示するものであることに留意されたい。当該のスウェットショップにおける労働が、まさに監禁の論理に基づく規律的な労働にほかならないという点を強調しておく。

された記事[30]は，「中国の福州」にある古い倉庫の地下で昼夜を問わず行なわれている作業を，ややショッキングな語り口でリポートしている。そこでは，「眠そうな目をした一群の若者たち」が，「1日12時間，一週間ぶっ通しで」コンピュータのスクリーンに向かい，オンラインゲームをプレイしつづけているのだが，そこはありふれたネットカフェではなく，「中国の最新の工場のひとつ」として紹介されているのである。なぜ，オンラインゲームを集団でプレイすることが，工場労働に相等する行為として取り上げられるのだろうか。その理由はいたって簡単である。ヴァーチュアルなスウェットショップとも呼ぶことのできる（ギブスンの小説で描かれた，刑務所内の「レンダリング施設」と同じ意味で），この「最新の工場」内でひたすらプレイしつづける（＝働きつづける）若者たちは，ゲームに登場するモンスターを次から次へと殺し，その報奨としてゴールドのコインやその他の仮想グッズを獲得，収集しながら，それらをほかの ――「ソウルからサンフランシスコまで」地球上の色々な場所に住む，お金はあっても，さらなるレヴェルアップをめざしてゲームに集中的に取り組むだけの時間も忍耐も持ち合わせていない ―― オンラインゲーマーたちに売りつけることを，そのプレイ（＝労働）の目的としているからだ。

　このように，MMORPG（多人数同時参加型オンラインRPG）のなかを流通しているゲーム通貨を収集し，それをほかのプレイヤーに売却して，現実世界の通貨を取得する者のことを，一般に「ゴールド・ファーマー」と呼ぶ。これに関して，まず問いただしておかなければならないのは，「中国人の」というナショナル／エスニックな形容詞のついた，「チャイニーズ・ゴールド・ファーマー」という常套句がはらむ問題性である。たしかに，一方ではこの言葉が，新たな搾取と経済的ヒエラルキーの地勢図の上に「中国の最新の工場のひとつ」を位置づけようとする意図を有しているという面を全面的に否定することはできないが，他方ではそうした意図とは裏腹に，この言葉が粗雑なクリシェとして広く流通し，外国人嫌悪的／人種差別的なステレオタイプとして強力に機能しているという面を無視してはならないだろう。じ

---

30) Barboza (2005)

っさい，RMT（オンラインゲーム上のアイテムやキャラクターなどを，現実世界の通貨と交換する行為）の経済規模は拡大しており，それに参加しているのは当然ながら「中国人」だけではないにもかかわらず，「チャイニーズ」と「ゴールド・ファーマー」が合体したこの言葉は，〈ゲームの世界を台無しにする者〉を糾弾し，排斥するさいのステレオタイプとして，ごく一般的に，そしてまたごく安易に用いられているのである[31]。

　「チャイニーズ・ゴールド・ファーマー」というステレオタイプが発動させる，こうした人種差別的な作用を批判的に確認した上で，私たちは，〈そもそもゴールド・ファーマーとは誰のことなのか〉というより根本的な問いへと改めて向かう必要があるだろう。この点に関して，メディア生態学者のアレクサンダー・ギャロウェイは，最近のあるインタヴューで大胆にもこう言い切っている——「ゲームのなかの，いわゆる〈チャイニーズ〉・ゴールド・ファーミングの問題が話題にされることがたびたびありますが，じっさいにはその逆が本当です。つまり，私たちこそがゴールド・ファーマーなのです」と[32]。

　ここでギャロウェイが根本的に問い直そうしているのは——〈チャイニーズ〉・ゴールド・ファーマーという表現が人種差別的なステレオタイプとして機能しているということは周知の前提であるとして——，そもそも「ゴールド・ファーマー」という呼称じたいが，ある基本的な事実を隠蔽してしまっているのではないか，という問題点である。つまり，真に問いただされるべきなのは，「ゴールド・ファーマー」という呼び名が，〈彼ら不正なプレイヤー〉/〈我ら健全なプレイヤー〉という二項対立を打ち立てることを通じて，「ウェブそのものが本質的に世界最大のスウェットショップにほかならない」という基礎的な事実を隠蔽してしまっている，という点なのである。じっさい，たとえばわれわれがメールを送信したり，ブログを作成したり，ネットサーフィンしたり，検索したりすること——これらはみな，「グーグルのペ

---

31) Taylor (2006) pp. 321-323 を参照。また，中国におけるリアルマネートレードについては，本書第6章（124-125頁）の記述も参照。
32) Galloway (2007)

ージランク」(ウェブページの重要度を測るアルゴリズム)にとってはそこから価値を抽出することのできる源泉であり、ユーザーにとっては〈不払いのミクロ労働〉でもあると捉えられるだろう。〈消費者(コンシューマー)〉/〈ユーザー〉がつねにすでに〈生産者(プロデューサー)〉としての役割を果たす、今日のウェブ2.0をプラットフォームとする〈プロシューマー(prosumer)〉/〈プロデューザー(produser)〉の世界では、〈プレイ〉と〈労働〉の区別はもはや意味をなさなくなっており、それらはともに価値抽出の源になっているのである。

　一般にウェブ2.0と呼ばれるものが呈示する経済モデルは、ユーザーたちの自発的な協働や非物質的な〈フリー労働〉を資本化することをその基盤としている。われわれはマウスをワンクリックするだけで、その〈注意〉や〈注目〉が価値化される、アテンション・エコノミーのなかにすでに組み込まれているのだし、たとえデータベースの形成に手を貸すつもりなどなくても、それをほんの少し使うだけで、その使用ルートが他のユーザーに対してある方向性を示すデータとして提供されることになる以上、アプリケーションの価値の増大に意図せずして寄与しているのだ。ウェブ2.0が浸透させつつあるこうした徹底した包摂論理に照らすなら、いまや誰もがその〈プレイ＝労働〉によって潜勢的に諸種の価値を生み出している、と考えられるわけである。だとすれば、それらの価値を領有し、利潤を獲得しようとする、さまざまの「レントの技法」に抗して、多数多様な差異からなる〈共〉の自律的な構築に取り組むためには、「私たちこそが(無給のミクロ労働に従事する)ゴールド・ファーマーである」という基本的な事実の(再)確認から出発する必要があるだろう[33]。

---

33) それと同時に、この基本的な事実は、再分配の一形態としてではなく、社会的生産への直接的参加に対応する、第一次的で本源的な収入として「ベーシック・インカム」や「無条件かつ普遍的な保証所得」の概念を練り上げようとする試みにとっての、ひとつの重要な出発点にあたるものでもあるだろう。この点に関するより詳細な分析については、水嶋(2008) 102-111頁を参照。

6　おわりに——魂の工場2.0と〈共〉の未来

魂の工場2.0の出現

これまでみてきたように，文化産業からグローバル文化産業やクリエイティブ文化産業への移行は，産業資本主義から認知資本主義への移行と連動しつつ，そこに潜勢的にはらまれている諸傾向や諸問題を先取り的に現実化するものであった。そして，こうした移行のプロセスのなかで，ホルクハイマー／アドルノが批判的に解析した「魂の工場」は，すでに「脱領土化された工場」にその姿を変えて社会全体へと拡大しながら，人々の生の隅々にまで浸透しているようにみえる。いうならば，いまや〈魂の工場2.0〉とも呼ぶことのできるものが現出しているわけであり，その経済的・生政治的な作動様式は，生全体に絶えず流れ込んでくる不安定性を〈パターン化された流動性〉へと連続変換したり，社会的コミュニケーションや情動的エネルギーを価値の源泉として捕獲したりするための，プラットフォームの構築とその領有をめざす，新たな「レントの技法」として把握できるだろう。

このように，認知資本主義がその価値の源泉とする社会的ネットワークの生産は，諸情動間のコミュニケーションと密接に絡み合った非物質的労働に基本的に依拠しているため，情動のマネージメントやコントロールに直接的に関わる新しい文化・エンターテインメント産業とそれが駆使する巧妙なレントの技法は，莫大な収益を上げることのできる潜勢力を有するものとして，〈現実的かつ仮想的な新しい地主階級とレントの職員たち〉から大きな期待を寄せられているようにみえる。しかし，またその一方で，消費そのものを道徳的に断罪するばかりの旧弊な資本主義批判が袋小路に陥っているということは明白であるとしても，レントの技法が〈共〉の収奪＝収容装置であるという点を繰り返し強調しておくことは，無益な振る舞いであるどころか，〈共〉の未来を構築するための理論的かつ実践的な共通基盤を開示する試みに通じていると思われる。

〈共〉の未来のために

さきにもふれたように，ネグリ／ハートは『マルチチュード』で，〈共〉の収奪こそが世界中の人々の共通条件であるかのような新自由主義的グローバリゼーション下の過酷な現状を見据えながら，こう問いかけている――〈公共の財やサービスの民営化＝私有化に，旧来の〈私〉対〈公〉という対立の構図に陥らずに抵抗するにはどうしたらよいのだろうか〉と[34]。

このように従来の問題設定の枠組みそのものを根底的に突き崩すような問いを提起しつつネグリ／ハートは，私的所有権と結びついた〈私〉と国家による管理と結びついた〈公〉という，旧来の〈私〉対〈公〉の対立を超えた〈共〉の理論と実践を通じて，民営化＝私有化の強力な動きに対抗するためのプロジェクト構築に挑んでいる。別の言い方をすれば，彼らはポスト自由主義的・ポスト社会主義的な視点に立ちながら，私的利益／公的利益の対立を乗り越えて，諸々の特異性が生産する〈共〉の利益の方へ向かおうとしているのだ。〈共〉の利益とは，「国家の管理のもとで抽象化されることなく，社会的・生政治的生産の場で協働する特異性によって再領有される一般の利益のことであり，官僚の支配によってではなくマルチチュードによって民主的に管理運営される公共の利益」[35]のことである。

これとは対照的にレントは，そうした〈共〉の利益を収奪＝収容する装置として捉えられる。しかも，認知資本主義への移行において，レントの役割の増大とその形態の多様化が促進され，一般的知性によって織り上げられた〈共〉のコントロールと私有化が強力に押し進められてきたのだった。してみれば，そのようなレントの論理を妨害し，〈共〉の再領有化にはずみをつけるような闘いが，いまこそ求められているのではないだろうか。ネグリはこうした構成的闘争のことを「レントに抗するデモクラシー」と呼んでいる[36]。〈共〉を収奪する〈公〉と〈私〉の力と両者の結託にあらがい，さま

---

34) ネグリ／ハートのこの問いかけをめぐるより詳細な分析については，水嶋（2005）92‐101頁を参照。
35) ネグリ／ハート（2005）（下）40頁。
36) Negri（2008）pp. 127-134を参照。またネグリによるこの問題提起をめぐるより詳細な分析については，水嶋（2008）参照。

ざまの差異からなる〈共〉をその多様性のままに肯定しつつ，構成してゆく，特異的かつ協働的なプロセス。レントに抗するデモクラシーは，こうした〈共〉の構成プロセスと分ちがたく結ばれているのである。

　魂の工場の行方について思いめぐらすことは，レントに抗するデモクラシーのプロジェクトについて，またひいては〈共〉の未来について構想することと必然的に重なり合う。だとすれば，レントに抗するデモクラシーがめざしている目標の1つは，魂の工場2.0をマルチチュードによる〈共〉の生産工房として再領有化することにある，と明言してもさしつかえあるまい。そして最後に，マルチチュードの〈愛〉を「〈共〉への欲望」[37]として再定義しながら，私的領域を超えた政治的行動や特異的かつ集団的な社会的活動性として〈愛〉の概念を再建しようとするネグリ／ハートの理論的実践を踏まえて，この目標をパラフレーズするならば，魂の工場2.0をそうした意味での〈愛〉の作業場や工房として再領有化し，再組織化することができるかどうか——この可能性をさまざまな場で具体的に探究し，実現してゆくための諸種の協働的な実験と制度構築の試みに，〈共〉の未来は懸かっている，と確言することができるだろう。

■参考文献

Arvidsson, Adam 2006 *Brands: Meaning and value in media culture*, Routledge.
——— 2007 "Creative class or Administrative class? On advertising and the 'underground'", *ephemera*, 7(1). (http://www.ephemeraweb.org/journal/7-1/7-1arvidsson.pdf)
Barboza, David 2005 "Boring Game? Hire a Player", *The New York Times*, December 9.
Boutang, Yann Moulier 2007 *Le Capitalisme Cognitif*, Éditions Amsterdam.
フロリダ，リチャード 2008 井口典夫訳『クリエイティブ資本論』ダイヤモンド社
Galloway, Alexander R. 2004 *Protocol: How Control Exists after Decentralization*, The MIT Press.
——— 2007 "We are the gold farmers" (interview with Pau Alsina).

---

37) Negri (2003) p. 209.

(http://cultureandcommunication.org/galloway/inertview_barcelona_sept07.txt)

ギブスン，ウィリアム 2004 浅倉久志訳『パターン・レコグニション』角川書店

Hartley, John ed. 2005 *Creative Industries*, Blackwell Publishing.

Harvey, David 2001 "The art of rent: globalization and the commodification of culture", *Spaces of capital*, Edinburgh University Press.

ホルクハイマー，マックス／アドルノ，テオドール 2007 徳永恂訳『啓蒙の弁証法——哲学的断想』〈岩波文庫〉岩波書店

伊藤公雄 2006「聖プレカリオの降臨——イタリアにおけるプレカリアート運動をめぐって」『インパクション』151号，インパクト出版会

Keane, Micheal 2007 *Created in China: The Great New Leap Forward*, Routledge.

クライン，ナオミ 2001 松島聖子訳『ブランドなんか，いらない』はまの出版

Lash, Scott and Lury, Celia 2007 *Global Culture Industry: The Mediation of Things*, Polity Press.

マラッツィ，クリスチャン 2007 多賀健太郎訳「機械＝身体の減価償却」『現代思想』第35巻第8号，青土社

Marazzi, Christian 2008 "La monnaie et la finance globale", *Multitudes*, 32, Éditions Amsterdam.

マルクス，カール 1997 資本論草稿集翻訳委員会訳『マルクス資本論草稿集2』大月書店

水嶋一憲 2005「愛が〈共〉であらんことを——マルチチュードのプロジェクトのために」『現代思想』第33巻第12号，青土社

——— 2007「〈新〉植民地主義とマルチチュードのプロジェクト——グローバル・コモンの共創に向けて」『立命館言語文化研究』第19巻第1号，立命館大学国際言語文化研究所

——— 2008「〈共〉の未来——『ミラノの奇蹟』とレントの技法への抵抗」『現代思想』第36巻第5号，青土社

毛利嘉孝 2007『ポピュラー音楽と資本主義』せりか書房

ネグリ，アントニオ／ハート，マイケル 2003 水嶋一憲ほか訳『〈帝国〉——グローバル化の世界秩序とマルチチュードの可能性』以文社

ネグリ，アントニオ／ハート，マイケル 2005 幾島幸子訳，水嶋一憲・市田良彦監修『マルチチュード——〈帝国〉時代の戦争と民主主義』（上・下）〈NHKブックス〉日本放送出版協会

Negri, Toni 2003 *Time for Revolution*, Matteo Mandarini trans., Continuum.

——— 2008 "La démocratie contre la rente", *Multitudes*, 32, Éditions

Amsterdam.
Negri, Toni et Vercellone, Carlo 2008 "Le rapport capital/travail dans le capitalisme cognitif", *Multitudes*, 32, Éditions Amsterdam.
Ngai, Pun 2005 *Made in China: women factory workers in a global workplace*, Duke University Press.
Ong, Aihwa 2006 *Neoliberalism as exception: mutations in citizenship and sovereignty*, Duke University Press.
Pasquinelli, Matteo 2008 "The ideology of free culture and the grammar of sabotage", unpublished. (http://www.generation-online.org/c/fc_rent4.pdf)
Raunig, Gerald 2007 "Creative industries as mass deception", *Transversal*, 02, 2007, European Institute for Progressive Cultural Policies. (http://eipcp.net/transversal/0207/raunig/en)
斉藤日出治 2007「グローバル時代の地方文化」斉藤日出治編著『グローバル化するアジア』晃洋書房
Taylor, T. L. 2006 "Dose WoW Change Everything?", *Games and Culture*, 1(4), Sage Publications.
Troeung, Y-Dang 2007 "Disciplinary power, transnational labour, and the politics of representation in Stephanie Black's *Life and Debt*", *Politics and Culture*, issue 2, 2007. (http://aspen.concoll.edu/politicsandculture/page.cfm?key=555)
Vercellone, Carlo 2007 "La nouvelle articulation salaire, profit, rente dans le capitalisme cognitif", *European journal of economic and social systems*, 20(1), Hermes-Lavoisier.
ヴィルノ，パオロ 2004 廣瀬純訳『マルチチュードの文法』月曜社
Wegner, Phillip E. 2007 "Recognizing the Patterns" *New Literary History*, Vol. 38, The Johns Hopkins University Press.

あとがき

　本書は，大阪と天津（中国）で行なわれた以下の4回の国際シンポジウムの報告と研究成果を基礎にしている（**写真1**は，第1回のシンポジウムの会場となった天津理工大学である）。

写真1　天津理工大学

（1）『中国と日本の社会・文化・経済の変容をめぐって』2004年12月20日，天津理工大学
（2）『日中韓におけるインターネット文化・映画文化の比較』2005年10月26日，大阪産業大学
（3）『ロック・ミュージックで考えるアジア共同体の可能性』2006年10月20日，大阪産業大学
（4）『グローバリゼーションとアジアの文化変容』2006年10月26日，天津理工大学

写真2 『ロック・ミュージックで考えるアジア共同体の可能性』

 これらのシンポジウムでは，日本，中国，韓国の研究者によって，映画，アニメーション，ロック，インターネットといったさまざまな文化領域に関して，各国の文化の地域性，グローバリゼーションの影響，メディアの特性と社会との関係，歴史とナショナリズムの問題などが議論された。また第3回のロックに関するシンポジウムでは，中国，韓国，日本のバンドを招待してのLIVEや3か国のバンドのメンバーによる多国籍セッションも行なわれた（写真2）。ちなみに，セッションのバンドのドラムは，本書の第8章を執筆されているファンキー末吉さんが担当された。
 シンポジウムは，大阪産業大学アジア共同体研究センターの主催あるいは共催によって行なわれた（センターの詳細については，http://www.osaka-sandai.ac.jp/ACRC/を参照してもらいたい）。大阪産業大学アジア共同体研究センターは，「2005年度私立大学学術研究高度化推進事業」のなかの「オープンリサーチセンター」に採択され，2005年から5年間の予定で活動を続けている。センターの研究プロジェクト名は，「アジアの経済統合とそれがEU型共同体に発展する可能性に関する学際的，国際的共同研究」で，その研究テーマを異なった側面から総合的に研究するために，以下の5つの研究グループが並行して活動している。

- アジア共同体の設立に関する研究グループ
- アジアの経済統合に関するマクロ経済研究グループ
- 北東アジア経済圏研究グループ
- ASEAN, GMS 研究グループ
- 日中経済連携とアジア経済研究グループ
- アジアの社会，文化の変容に関する研究グループ

　これらの研究グループは，それぞれが，独自の研究テーマについて国際的な共同研究を進めるとともに，国内外で国際シンポジウム，ワークショップを開催している。また，複数の研究グループによる連携やシンポジウムの共同開催も行なわれている。本書を企画し，生み出したのは，このうち，「アジアの社会，文化の変容に関する研究グループ」である。

　また大阪産業大学アジア共同体研究センターのサブセンターが，タイのチュラロンコーン大学経済学部，上海交通大学安泰管理学院，天津理工大学に設置されている。本書が生まれる基礎となった4回のシンポジウムのうち，2回は，サブセンターが設置されている天津理工大学で開催されたものである。

　本書のなかの多くの論考で分析されているように，グローバリゼーションはさまざまな問題を引き起こしている。文化領域においても，グローバリゼーションによって地域の文化が破壊されたり，変容したりするということが起きている。ただし，それは単にアメリカを中心とする先進国の文化が途上国に侵攻し，それを支配するという単純な関係ではなく，もう少し複合的なプロセスであると考えられる。各国の文化がグローバリゼーションの影響によって融合し，新たな文化が生まれるという現象も起きている。また，社会の変化は文化に大きな影響を与えると同時に，文化も社会に大きな影響を与えている。このような問題をアジアの国々の研究者が集まって，多面的に議論を深めていこうというのが，シンポジウムの目的であり，それから本書に収録された論文のような有意義な研究成果が生み出された。

　もう1つの成果は，このような国際シンポジウムを通して，日本，中国，韓国の研究者が，同じテーマについて，率直な議論ができたことである。グ

ローバリゼーションには悪い側面もたくさんあるのだが，これはグローバリゼーションのもたらした1つの良い面ではないだろうか．今後，このような交流，議論，共同研究をますます発展させていきたいと考えている．

　最後に，シンポジウムの開催に協力していただいた大阪産業大学，天津理工大学とその関係者のみなさん，シンポジウムで報告いただいた各国の研究者の方々，シンポジウムに参加してくれた日本，中国の学生，市民，研究者のみなさんに感謝したい．

　2008年8月

高増　明

人名索引

ア 行

アーヴィッドソン,アダム　175
梓みちよ　28-30
アドルノ,テオドール　168-174,189
アンダーソン,ベネディクト　12,13,18
安藤健二　78
眼鏡蛇(イエンジンシャー)〔バンド名〕　153
イ・ジュンギ　60
1989(イージョウバージョウ)〔バンド名〕　154
ヴィルノ,パオロ　169
上野千鶴子　35
ヴェルチェッローネ,カルロ　181
江藤淳　42
太田昌国　16
岡本能里子　109
奥出直人　11
オライリー,ティム　69

カ 行

樫村愛子　85,86,87,91
加納実紀代　51,61
神島二郎　14,15
上村一夫　33
香山リカ　86,87,91
カラン,ジェームス　49
ギデンズ,アンソニー　86
ギブスン,ウィリアム　164,165,179,183
キム・ヨンジン　53,57
木村幹　59
ギャロウェイ,アレクサンダー　187
権銀善(クォン・ウンソン)　52,62
グラムシ,アントニオ　8,9,13
倉本總　37
黒木利克　34

サ 行

デ・シーカ,ヴィットリオ　137
ジジェク,スラヴォイ　85,86,90,91
賈樟柯(ジャー・ジャンクー)　133,134,146
ストーン,ローレンス　31

タ 行

高橋源一郎　77
唐朝(タンチャオ)〔バンド名〕　153,156-158
チェ・ウニ　61
陳凱歌(チェン・カイコー)　131,132,134
超載(チャオザイ)〔バンド名〕　153
張芸謀(チャン・イーモー)　131,133
張揚(チャン・ヤン)　146
張元(チャン・ユエン)　133,134
チョ・ヨンナム　60
清醒乐队(チンシンユエドウイ)〔バンド名〕　158
崔健(ツイジェン)　148-151,155-157,160,162
田壮壮(ティエン・チュアンチュアン)　134
デランティ,ジェラード　17
テレサ・テン　142,150
鄧小平(ドン・シャオピン)　150,156
ドンズロ,ジャック　44

ナ 行

中島岳志　18
ネグリ,アントニオ　166,176,181,190,191
ノ・ミョンウ　49

ハ 行

ハーヴェイ,デヴィッド　183
バウマン,ジグムント　16,17,19

朴敬元(パク・キョンウォン)　48-54,56-58,60-62
パスキネッリ,マテオ　182
長谷川町子　36
ハート,マイケル　166,176,190,191
玄武岩(ヒョン・ムアン)　89
費穆(フェイ・ムウ)　132
フーコー,ミシェル　31,96-98
藤子・F・不二雄　36-40
不倒翁乐队(ブーダオウォンユエドウイ)〔バンド名〕　154
黒豹(ヘイバオ)〔バンド名〕　153,156-160,162
ベンサム,ジェレミー　96,97
花儿(ホアー)〔バンド名〕　160
黄建新(ホァン・チェンシン)　133
ホルクハイマー,マックス　168-174,189

マ 行

毛沢東(マオ・ツォートン)　132,148,154,155
マルヴェイ,ラウラ　39
マルクス,カール　177

モーリス-スズキ,テッサ　19-21,24-26,49

ヤ 行

矢部史郎　88
ユーウェン(イーウェン),スチュアート　6-8,10,11
ユン・ジョンチャン　49,54,58
善積京子　33
吉見俊哉　11,12,14

ラ・ワ 行

ラカン,ジャック　85,87,91,184
ラッシュ,スコット　172-174
ラル,ジェームズ　143
零点(リンディエン)〔バンド名〕　158-160
ルフェーヴル,アンリ　44
ルーリー,シリア　172-174
ローズ,ギリアン　35
王小師(ワン・シャオシュアイ)　130-136,138-141,145-147

事項索引

ア 行

新しい階級社会　83
新しい階級闘争　83
アメリカニズム　8,9
アメリカニゼーション　10,19
e-Society　100,101
一般的知性　177,178,181
インターネット　50,75,89,97-102,105,107
　——新聞　49,53,57,99
　——文化　63,68,70,79,90,91,100,106,108
　——メディア　89
　——利用者数　106
　——利用人口　93

ウィルス・マーケティング　165,166
映像メディア　4,5,7
オーマイニュース　53,54,89,98
オンラインゲーム　117-121,123-126

カ 行

介入する社会　43
科学的管理法　8,96
核家族　32
過去との連累　21
仮想共同体　84,87,88
仮想商品　120
家族計画　37,42
下放　132
韓国社会のポストコロニアル状況　48
感情表出文字　115

199

教育行政情報システム　99
共同体　84,184
　　擬制的な——　85
　　想像の——　12,13,18
〈共〉の収奪　180,181,189,190
〈共〉の自律的な構築　188
近代家族　32,36-38,41
クリエイティブ産業　167,168,170-172,179
グローバリゼーション　4,5,16-21,90
　　新自由主義的——　167
郊外住宅地　41,42
国民化　10
戸籍制度　144
コミュニティ　12,17,20

　　　　　　サ　行

再帰化　85,86
サイワールド　100
作家映画　136
三線建設　131,139
「三線」労働者　140
自己規律　96
市場原理主義　83,85
ジニ係数　81
西北風(シーベイフォン)ムーブメント　151
社会化された工場　178,179
集団の記憶　47-49
　　——の管理方式　50,64
少子化対策　28,29
消費社会　5,6,9
情報格差　101,102
情報資本主義　167,173,175-179
新女性　61,62
親日　52,54,57-62
　　——映画　56
　　——論争　48,53,60
心理学　85,86
　　——化　85
性的欲望　39,41
　　妻の——　42
セクシュアリティ　38
専業主婦　37-39

　　　　　　タ　行

大衆知性　178,179,181
魂の工場　169,172,179,180,189,191
知的所有権　181
チャット　109,110,113
　　——用語　110,114-116
中国映画　130,132,134,145
中国の戸籍制度　141
中国ロック　148-150,153-158,160,161
　　——の商業化　156
忠武路(チュンムロ)　49
デジタル解読能力　103
デジタル権力　97,98,100,103
デジタル選挙　98
テレビ　14,20,35
天安門事件　151,155
電車男　71-79,87,88
都市型生活様式　9,10,13,14
ドメスティック・スペース　35,41,43,44

　　　　　　ナ　行

ナショナリズム　4,5,9,11-15,17,18,20,26,86,87,90
　　天皇制——　14,15
　　ネオ——　17-20
　　ぷち——　86
　　不満の——　19,25
ナショナル・メディア　14,15,25,26
2ちゃんねる　70,71,84,87-90
認知資本主義　177,180-183,189
ネチズン　54,55,57,58,61,63,98,106
ネットカフェ　108
ネットゲーム　106
　　——中毒　125
ネット新語　113
ネット用語　106

　　　　　　ハ　行

排除の構造　33
パノプティコン　96,97
　　情報——　97,99,100
母の崩壊　42
非正規雇用労働者　82,83
非物質的生産　175

非物質的労働　166, 176, 189
表象　5-7, 9, 10, 17, 30, 33, 47, 49, 64
　　家族——　37
　　空間の——　44
　　女性——　48
　　歴史——　48
ピンイン　111, 112
貧困率　79, 81, 82
フォーディズム　8, 9, 16, 166, 169, 174, 176
ブランディング　166, 167, 175
ブランド　166, 167, 172, 174-181, 185
プレカリアート　171, 172
文化　172, 173
　　——の商品化の様式　174
　　——のモノ化の様式　175
文化産業　167-172, 179, 189
　　クリエイティブ——　167, 168, 179, 189
　　グローバル——　167, 172-175, 179, 189

——のフォード化　169
文化大革命　132, 153-155
米国型生活様式　7, 8, 12
ヘゲモニー　8, 9, 13, 15-17, 23, 24, 166
ポストフォーディズム　166, 169, 170, 175, 176, 180
母性愛　41

マ・ラ・ワ 行

マルチチュード　180, 181, 190, 191
リキッド・モダニティ　16
歴史修正主義　18
レント(地代, 賃料)　180-183, 190, 191
　　——の技法　180, 183, 188, 189
労働の柔軟性(フレキシビリティ)　171
労働の不安定性(プレカリティ)　171
ロックビジネス　156, 157
ロマンティック・ラヴ・イデオロギー　31-33, 39, 41, 42
悪い母親像　42

事項索引　201

■ 執筆者紹介 (執筆順，＊印は編者)

＊斉藤日出治 (さいとう・ひではる)

　1945年生まれ。名古屋大学大学院経済学研究科博士課程単位取得退学。経済学方法論・社会経済学・現代資本主義論専攻。大阪産業大学経済学部教授。『帝国を超えて――グローバル市民社会論序説』(大村書店, 2005年)，『空間批判と対抗社会』(現代企画室, 2003年)，『国家を越える市民社会』(現代企画室, 1998年)，他。

田間泰子 (たま・やすこ)

　1956年生まれ。京都大学大学院文学研究科博士課程単位取得退学。家族社会学・ジェンダー論専攻。大阪府立大学人間社会学部教授。『「近代家族」とボディ・ポリティクス』(世界思想社, 2006年)。『母性愛という制度』(勁草書房, 2001年)。『近代日本文化論6』〔共著〕(岩波書店, 2000年)，他。

平田由紀江 (ひらた・ゆきえ)

　1973年生まれ。延世大学校社会学科博士課程修了。社会学・文化研究専攻。獨協大学国際教養学部専任講師。『ポスト韓流のメディア社会学』〔共著〕(ミネルヴァ書房, 2007年)，『韓流サブカルチュアと女性』〔共著〕(至文堂, 2006年)，『日式韓流――『冬のソナタ』と日韓大衆文化の現在』〔共著〕(せりか書房, 2004年)，他。

＊高増　明 (たかます・あきら)

　1954年生まれ。京都大学大学院経済学研究科博士課程単位取得退学。理論経済学・国際経済学専攻。関西大学社会学部教授。『ネオ・リカーディアンの貿易理論――不等価交換論を超えて』(創文社, 1991年)，『経済学者に騙されないための経済学入門』〔共編著〕(ナカニシヤ出版, 2004年)，森嶋通夫『リカードの経済学』〔共訳〕(東洋経済新報社, 1991年)，他。

崔　鐘仁 (チェ・ジョンイン)

　1964年生まれ。高麗大学大学院博士課程修了。人的資源管理論・組織論・技術管理論専攻。韓国ハンバット国立大学経済・経営学部准教授。"From bureaucratic mode of technological entrepreneurship to clustering mode of technological entrepreneurship: Daedeok Science Park, Korea," Elias G. Carayannis et al. eds., *Innovation Network and Knowledge Clusters*, Palgrave Macmillan, 2008. "Technological status of Biocluster in Daedeok Innopolis: With the focused on the patent analysis" *Korean Journal of Technology Innovation*, 2008. 他。

徐　怡秋 (ジョ・イシュウ)

　1975年生まれ。南開大学外国語学院修士学位取得。日本語学・日本文化専攻。天津理工大学外国語学院講師。野村総一郎『疲労門診』〔翻訳〕(中国軽工業出版社, 2002年)，日本救急医学会編『最

新図解救命・応急手冊』〔翻訳〕(中国軽工業出版社, 2001 年), 高山東洋監修『眼疲労・視力減退』〔翻訳〕(中国軽工業出版社, 2000 年), 他。

胡　备 (フー・ベイ)

1959 年生まれ。大阪産業大学大学院経済学研究科修士課程修了。日本文化・日本経済専攻。天津理工大学外国語学院准教授。『国際教育政策発展報告 2007』〔共著〕(天津人民出版社, 2007 年), 『日本市場概況』〔共著〕(中国商務出版社, 2006 年), 『国際教育政策発展報告 2004』〔共著〕(天津人民出版社, 2004 年), 他。

ファンキー末吉 (ふぁんきー・すえよし)

1959 年生まれ。神戸商科大学中退。ミュージシャン・音楽プロデューサー。『カタカナ音符で誰でも話せる中国語』(情報センター出版局, 2004 年), 『大陸ロック漂流記』(アミューズブックス, 1998 年), 『酒と太鼓の日々』(ホットカプセル, 1995 年), 他。

水嶋一憲 (みずしま・かずのり)

1960 年生まれ。京都大学大学院経済学研究科博士課程単位取得退学。文化研究・社会思想史専攻。大阪産業大学経済学部教授。『グローバリゼーションと植民地主義』〔共著〕(人文書院, 近刊), 「〈共〉の未来――『ミラノの奇蹟』とレントの技法への抵抗」『現代思想』(第 36 巻第 5 号, 青土社, 2008 年), アントニオ・ネグリ／マイケル・ハート『〈帝国〉――グローバル化の世界秩序とマルチチュードの可能性』〔共訳〕(以文社, 2003 年), 他。

アジアのメディア文化と社会変容

2008年10月27日　初版第1刷発行

編　者　斉藤日出治
　　　　高　増　明

発行者　中　西　健　夫

発行所　株式会社　ナカニシヤ出版
〒606-8161　京都市左京区一乗寺木ノ本町15
電　話　(075) 723-0111
FAX　(075) 723-0095
http://www.nakanishiya.co.jp/

© Hideharu SAITO 2008 (代表)　　　創栄図書印刷／藤沢製本
＊乱丁本・落丁本はお取り替え致します。
ISBN978-4-7795-0295-8　Printed in Japan

情報倫理学入門

越智 貢 編

パソコン・携帯電話などの電子ネットワークの世界と日常世界との繋がりは、日々強まっている。その中で、情報モラルはどう変容していくのか、また教育現場はそれにどう対応すればいいのか、具体的事例と共に考察する。

二七三〇円

社会文化理論ガイドブック

大村英昭・宮原浩二郎・名部圭一 編

社会や文化への理解が深まる、アクチュアルで魅力的な69テーマを厳選。「理論は難しい」「自分には縁がない」と感じている人にこそ読んでほしい、理論のもつ面白さと有効性がわかる「理論への招待」。

二六二五円

デジタルメディア時代の方法序説
——機械と人間のかかわりについて——

船木 亨 著

インターネットやケータイ等、利便性を追求した機械のIT化に伴い、人間経験はどのように変容するのか。人間と機械の関わりを通じ「歴史」「実体」「情報」等の哲学的概念を考察し、人間と世界の在り方を解読する。

二六二五円

情報とメディアの倫理

渡辺明・長友敬一・大屋雄裕・山口意友・森口一郎 著

ITの進歩と普及に伴い、変容を迫られる社会規範。高度情報化社会の現状を見定め、「情報」「メディア」「知識」「法」などの概念を再解釈しつつ、新たな「倫理」の射程を探求する。シリーズ〈人間論の21世紀的課題〉⑦

一九九五円

表示は二〇〇八年十月現在の税込価格です。